DAS GROSSE ERWACHEN
GEGEN DEN GREAT RESET

DAS GROSSE ERWACHEN GEGEN DEN GREAT RESET

TRUMPISTEN GEGEN GLOBALISTEN

ALEXANDER DUGIN

ARKTOS
LONDON 2021

Originaltitel: *The Great Awakening vs the Great Reset* (Arktos, 2021)

ISBN	978-1-917646-38-3 (Taschenbuch)
	978-1-914208-60-7 (Gebundene Ausgabe)
	978-1-914208-61-4 (Ebook)
ÜBERSETZUNG	Alexander Markovics
	Constantin von Hoffmeister
LEKTORAT	Constantin von Hoffmeister
EINBAND & LAYOUT	Tor Westman

🌐 Arktos.com   ⓕ fb.com/Arktos   ✈ ⓘ @arktosmedia   ✖ @arktosjournal

INHALTSVERZEICHNIS

TEIL 4

ANHANG

TEIL 1

DER GREAT RESET

Die fünf Punkte von Prinz Charles

I M JAHR 2020 haben beim Davosforum der Gründer des Forums Klaus Schwab und Prinz Charles von Wales einen neuen Plan für die Menschheit, den Great Reset, proklamiert.

Dieser Plan besteht dem Prinzen von Wales zufolge aus fünf Punkten:

1) Den Willen und die Vorstellung der Menschheit einfangen — ein Wandel wird nur dann eintreten, wenn ihn die Menschen wirklich wollen.

2) Der Wirtschaftsaufschwung muss die Welt auf den Pfad der nachhaltigen Beschäftigung, der Existenzgrundlage und des Wachstums führen. Seit langem bestehende Anreizstrukturen, die perverse Auswirkungen auf die Umwelt unserer Erde und die Natur selbst gehabt haben, müssen neu erfunden werden.

3) Systeme und Reaktionsketten müssen so neugestaltet werden, um Net-Zero-Übergänge auf globaler Ebene auszuweiten. Der CO_2-Preis kann eine kritische Reaktionskette hin zu einem nachhaltigen Markt gewährleisten.

4) Wissenschaft, Technik und Innovation müssen wiederbelebt werden. Die Menschheit befindet sich am Rand eines katalytischen
Durchbruchs, der unsere Wahrnehmung davon, was möglich und
was profitabel im Rahmen einer nachhaltigen Zukunft ist, ändert.

5) Investitionen müssen wieder ins Gleichgewicht gebracht werden.
Das Zunehmen grüner Investitionen kann neue Arbeitsplätze
in der grünen Energie, der Kreislauf- und Biowirtschaft, dem
Ökotourismus und der grünen öffentlichen Infrastruktur schaffen.

Der Begriff »nachhaltig« ist ein Bestandteil des wichtigsten Konzepts
des Clubs of Rome — dem der »nachhaltigen Entwicklung«. Diese
Theorie basiert auf wiederum einer anderen Theorie — den »Grenzen
des Wachstums«, denen zu Folge die Überbevölkerung des Planeten
einen kritischen Punkt erreicht hat (was wiederum die Notwendigkeit,
die Geburtenrate zu senken, mit einschließt).

Die Tatsache, dass das Wort »nachhaltig« im Zusammenhang mit
der Covid-19-Pandemie verwendet wird, welche einigen Analysten
zu Folge zu einem Bevölkerungsrückgang führen soll, hat weltweit zu
einer beachtlichen Reaktion geführt.

Die Hauptpunkte des Great Resets bestehen aus folgenden
Maßnahmen:

- Der Kontrolle des öffentlichen Bewusstseins im weltweiten
Maßstab, deren Kern die sogenannte »Cancel Culture« bil-
det — diese bedeutet die Einführung von Zensur in jenen
Netzwerken, die von den Globalisten kontrolliert werden (siehe
Punkt 1).

- Dem Übergang zu einer ökologischen Ökonomie und der
Zurückweisung moderner industrieller Strukturen (die Punkte 2
und 5).

- Den Eintritt der Menschheit in die Vierte Industrielle Revolution
(welcher das letzte Treffen in Davos gewidmet war) im Sinne einer

schrittweisen Ersetzung der Arbeitskraft durch Cyborgs und die Implementierung künstlicher Intelligenz im weltweiten Maßstab (Punkt 3).

Die eigentliche Idee des Great Resets liegt in der Fortsetzung der Globalisierung und der Stärkung des Globalismus nach einer Reihe von Niederlagen: Diese bestehen in der konservativen Präsidentschaft des Globalisierungskritikers Trump, dem steigenden Einfluss der multipolaren Welt, insbesondere Chinas und Russlands, dem Aufstieg islamischer Länder wie der Türkei, des Irans, Pakistans, Saudi-Arabiens und ihrer Zurückweisung des westlichen Einflusses.

Während des Davosforums erklärten Vertreter der weltweiten liberalen Eliten die Mobilisierung ihrer Strukturen in Erwartung von Bidens Präsidentschaft und des Sieges der Demokraten in den USA, einer Sache, die sie sich von Herzen wünschten.

Implementierung

Ein Kennzeichen der globalistischen Agenda ist das Lied von Jeff Smith mit dem Titel »Build Back Better« (etwa: »besser zurückbauen«, dem Wahlspruch von Joe Biden). Dieser trägt die Bedeutung in sich, dass die Menschen (soll heißen: die Globalisten) nach einer Reihe von Rückschlägen (wie etwa dem Hurrikan Katrina) ihre Infrastruktur zu einem solchen Grad neu errichten wollen, dass sie besser als je zuvor wird.

Der Great Reset beginnt mit dem Sieg Bidens.

Die Führer der Welt, die Chefs großer Unternehmen — Big Tech, Big Data, Big Finance usw. — trafen sich und mobilisierten gemeinsam ihre Kräfte, um ihre Gegner zu besiegen — Trump, Putin, Xi Jinping, Erdogan, Ayatollah Khamenei und andere. Sie begannen damit, Trumps Sieg zu stehlen, indem sie neue Technologien verwendeten und die »Vorstellung der Menschen einfingen« (Punkt

1), durch Einführung der Zensur im Internet und Manipulation der Briefwählerstimmen.

Bidens Einzug ins Weiße Haus bedeutet, dass die Globalisten zum nächsten Schritt übergehen. Dieser wird alle Bereiche des Lebens betreffen — die Globalisten gehen zurück an den Punkt, an dem Trump und andere Pole der heraufdämmernden Multipolarität sie aufgehalten hatten. Und genau hier spielen die Gehirnwäsche (durch Zensur und Manipulation der sozialen Medien, totale Überwachung und die Sammlung der Daten von jedem) sowie die Einführung neuer Technologien eine Schlüsselrolle. Die Covid-19-Epidemie dient als Rechtfertigung dafür. Unter dem Deckmantel der Sanitärhygiene rechnet der Great Reset damit, die Kontrollstrukturen der globalistischen Eliten über die Weltbevölkerung radikal zu ändern.

Die Angelobung Joe Bidens und die Dekrete, die er bereits unterzeichnet hat (die buchstäblich alle Entscheidungen von Trump aufheben) bedeuten, dass damit begonnen wurde, den Plan in die Tat umzusetzen. In seiner Rede über den »neuen« Kurs der US-amerikanischen Außenpolitik verlautbarte Biden die Stoßrichtung der globalistischen Politik. Dies mag neu »erscheinen«, ist es aber nur teilweise und nur im direkten Vergleich mit der Politik Trumps. Alles in allem verkündete Biden schlicht und ergreifend die Rückkehr zum alten Kurs:

- Globale Interessen treten an die Stelle nationaler Interessen.

- Die Strukturen der Weltregierung und ihrer Zweige in Form weltweiter supranationaler Organisationen und Wirtschaftsstrukturen werden gestärkt.

- Die Stärkung des NATO-Blocks und die Zusammenarbeit mit allen globalistischen Regimen und Kräften.

- Die Propagierung und Vertiefung des demokratischen Wandels im weltweiten Maßstab, was praktisch Folgendes bedeutet:

1) Die Eskalation der Beziehungen mit jenen Ländern, welche die Globalisierung ablehnen und damit zuallererst mit Russland, China, dem Iran, der Türkei usw.

2) Eine Verstärkung der Präsenz des US-amerikanischen Militärs im Nahen Osten, Europas und Afrikas.

3) Die Verbreitung von Instabilität und »Farbrevolutionen«.

4) Die ununterbrochene Anwendung von »Dämonisierungs-« und »Deplatformingstrategien« sowie der Netzwerk-Ostrazismus (*cancel culture*) gegen alle, deren Meinungen von jenen der Globalisten abweichen (sowohl innerhalb als auch außerhalb der USA).

Folglich zeigt die neue Führung im Weißen Haus nicht die geringste Bereitschaft, einen gleichberechtigten Dialog mit irgendjemanden zu führen, sondern verengt noch zusätzlich den eigenen liberalen Diskurs, der mittlerweile keinerlei Widerspruch toleriert. Der Globalismus tritt damit in seine totalitäre Phase ein. Dies macht den Ausbruch neuer Kriege wahrscheinlicher denn je, ein erhöhtes Risiko für den Eintritt des Dritten Weltkriegs mit eingeschlossen.

Die Geopolitik des Great Resets

Die globalistische *Foundation for Defense of Democracies*, welche die Position neokonservativer Kreise in den USA ausdrückt, veröffentlichte vor kurzem einen Bericht, der Biden empfiehlt, die folgenden Positionen von Trump zu vertreten:

1) Die Gegnerschaft zu China verstärken.

2) Den Druck auf den Iran zu erhöhen.

Diese sehen sie als positiv und Biden soll sich weiterhin entlang dieser Achse der Außenpolitik bewegen.

Andererseits verdammten die Verfasser des Berichts folgende außenpolitische Maßnahmen von Trump:

1) Die Desintegration der NATO.

2) Eine Annäherung mit »totalitären Führern« (China, Demokratische Volksrepublik Korea und Russland).

3) Ein »schlechtes« Abkommen mit den Taliban.

4) Den Rückzug der US-Truppen aus Syrien.

Folglich bedeutet der Great Reset in der Geopolitik ein Zusammenspiel der »Verbreitung der Demokratie« zusammen mit einer »neokonservativen und aggressiven Strategie der umfassenden Dominanz«, worin die Hauptstoßrichtung in der »neokonservativen« Politik besteht. Gleichzeitig wird Biden geraten, die Konfrontation mit dem Iran und China fortzusetzen sowie zu intensivieren, der Hauptfokus muss jedoch auf dem Kampf gegen Russland liegen. Und das wiederum setzt die Stärkung der NATO und die Ausweitung der US-Präsenz im Nahen Osten und Zentralasien voraus. So wie Trump sieht er in Russland, China, dem Iran und anderen islamischen Staaten die größten Hindernisse auf dem Weg dorthin. Auf diese Art werden Umweltprojekte und technische Neuerungen (zuallererst die Einführung der künstlichen Intelligenz und Robotik) mit dem Anstieg eines aggressiven Militarismus kombiniert.

TEIL 2

EINE KURZE GESCHICHTE DER LIBERALEN IDEOLOGIE

Der Globalismus als Kulminationspunkt

Nominalismus

U M DAS HISTORISCHE Ausmaß von Bidens Sieg und Washingtons »neuen« Kurs für den Great Reset zu verstehen, muss man die Geschichte der liberalen Ideologie von ihrem Anfang an betrachten. Nur dies befähigt, den Ernst der Lage nachzuvollziehen. Bidens Sieg ist kein Zufall, und die Ankündigung des globalistischen Gegenschlags entspringt nicht bloß dem Todeskampf eines gescheiterten Plans. Die Sache ist viel ernster. Biden und die Kräfte hinter ihm verkörpern den Höhepunkt eines geschichtlichen Prozesses, der im Mittelalter begann, in der Moderne seinen Reifezustand mit dem Auftauchen der kapitalistischen Gesellschaft erreichte und heute in seine Endphase eintritt.

Die Wurzeln des liberalen (=kapitalistischen) Systems reichen bis zum Universalienstreit der Scholastiker zurück. Dieser Streit teilte die katholischen Theologen in zwei Lager: Während die einen die Existenz des Gemeinsamen anerkannten (*species*, *genus*, *universalia*), glaubten die anderen nur an bestimmte individuelle Dinge und interpretierten deren generalisierende Namen als rein externe, konventionelle Systeme der Klassifizierung, die lediglich ein »leeres Geräusch« darstellen würden. Jene, die von der Existenz des Allgemeinen und der Spezies überzeugt waren, bezogen sich auf die klassische Tradition Platons und Aristoteles'. Sie wurden »Realisten« genannt, sohin jene, welche die »Realität der Universalien« anerkennen. Der bekannteste Vertreter dieser »Realisten« war Thomas von Aquin oder, im Allgemeinen, die Tradition der Dominikanermönche.

Die Vertreter der Idee, dass nur die individuellen Dinge und Wesen real sind, nannte man »Nominalisten«, ausgehend vom lateinischen Wort *nomen*. Die Forderung, »Ganzheiten sollen nicht ohne Notwendigkeit vervielfältigt werden«, geht auf einen der Hauptverteidiger des »Nominalismus« zurück, den englischen Philosophen William of Ockham. Bereits zuvor waren dieselben Ideen von Johannes Roscelin von Compiègne verteidigt worden. Obwohl die »Realisten« die erste Runde des Konflikts gewannen und die Lehren der »Nominalisten« mit dem Anathema belegt wurden, führten die späteren Pfade der westeuropäischen Philosophie — insbesondere in der Neuzeit — auf den Weg von Ockham.

Der »Nominalismus« bereitete den Boden für den zukünftigen Liberalismus, sowohl in ideologischer als auch in ökonomischer Hinsicht. Hier wurden die Menschen nur als Individuen angesehen und sonst nichts, und alle Formen der kollektiven Identität (Religion, Klasse usw.) wurden abgeschafft. Genauso wurde das Ding als absoluter Privatbesitz betrachtet, als ein konkretes, separates Ding, das einfach als Besitz dieses oder jenes individuellen Inhabers betrachtet werden konnte.

Der Nominalismus triumphierte zuerst in England, verbreitete sich wie ein Lauffeuer in den protestantischen Ländern und wurde Schritt für Schritt zur wesentlichen philosophischen Matrix der Neuzeit — in der Religion (individuelle Beziehungen des Menschen zu Gott), in der Wissenschaft (Atomismus und Materialismus), in der Politik (Voraussetzungen der bürgerlichen Demokratie), in der Wirtschaft (Markt und Privatbesitz), der Ethik (Utilitarismus, Individualismus, Relativismus, Pragmatismus) usw.

Kapitalismus: Die erste Phase

Vom Nominalismus ausgehend können wir den gesamten Weg des historischen Liberalismus von Roscelin und Occam bis hin zu Soros und Biden verfolgen. Teilen wir aus praktischen Gründen diese Geschichte in drei Stufen.

Die erste Stufe bestand in der Einführung des Nominalismus in das Reich der Religion. Die kollektive Identität der Kirche, so wie sie vom Katholizismus verstanden wurde (und mehr noch von der Orthodoxie), wurde von den Protestanten durch Individuen ersetzt, die von da an die Heilige Schrift auf der alleinigen Grundlage ihres Verstandes interpretierten und somit jede Tradition zurückweisen konnten. Daher wurden viele Aspekte des Christentums — die Sakramente, Wunder, Engel, Belohnung nach dem Tod, das Ende der Welt usw. — neu bewertet und verworfen, da sie »rationalen Kriterien« nicht standhielten.

Die Kirche als der »mystische Körper Christi« wurde zerstört und durch Freizeitvereine ersetzt, die durch das freie Einverständnis von unten geschaffen wurden. Dies brachte eine große Zahl miteinander streitender protestantischer Sekten hervor. In Europa und England selbst, wo der Nominalismus die größten Früchte getragen hatte, wurde dieser Prozess etwas gebändigt und die rabiatesten Protestanten eilten in die Neue Welt, wo sie ihre eigene Gesellschaft etablierten. Später, nach dem Kampf mit London, entstanden die Vereinigten Staaten.

Parallel zur Zerstörung der Kirche als »kollektiver Identität« (etwas »Gemeinsamen«) begann die Abschaffung der Stände. Die soziale

Hierarchie der Priester, Aristokraten und Bauern wurde durch die un-
definierten »Stadtmenschen« ersetzt, der ursprünglichen Bedeutung
des Wortes »Bourgeois« zu Folge. Der Bourgeois ersetzte alle anderen
Schichten der europäischen Gesellschaft. Jedoch war der Bourgeois
exakt das beste »Individuum«, ein Bürger ohne Klan, Stamm oder
Berufsstand, aber mit Privatbesitz. Und diese neue Klasse begann, die
gesamte europäische Gesellschaft umzubauen.

Gleichzeitig wurde die supranationale Einheit zwischen dem
päpstlichen Stuhl und dem weströmischen Reich — als weiterer
Ausdruck einer »kollektiven Identität« — ebenso abgeschafft. An
ihre Stelle trat eine auf souveränen Nationalstaaten, gewissermaßen
»politische Individuen«, aufbauende Ordnung. Nach dem Ende des
Dreißigjährigen Krieges konsolidierte der Westfälische Frieden diese
Ordnung.

Folglich war bis zur Mitte des 17. Jahrhunderts eine bürgerliche
Ordnung (also der Kapitalismus) in ihren wesentlichen Zügen in
Westeuropa entstanden. Die Philosophie dieser neuen Ordnung
wurde in vielerlei Hinsicht von Thomas Hobbes vorweggenommen
und von John Locke, David Hume und Immanuel Kant entwickelt.
Adam Smith wandte diese Prinzipien auf dem Feld der Wirtschaft
an und leistete damit seinen Beitrag zum Aufstieg des Liberalismus
als ökonomischer Ideologie. In der Tat wurde der Kapitalismus zu
einer kohärenten und ausformulierten Weltsicht, die auf der systema-
tischen Implementierung des Nominalismus aufbaute. Der Sinn der
Geschichte und des Fortschritts lag fortan darin, »das Individuum
von allen Formen der kollektiven Identität zu befreien« bis zu seiner
logischen Grenze.

Bis zum 20. Jahrhundert, nach der Zeit der kolonialen
Eroberungen, war der westeuropäische Kapitalismus zu einer globalen Realität geworden. Der nominalistische Zugang überdauerte
in Wissenschaft und Kultur, in der Politik und der Wirtschaft, im
Alltagsdenken des Westens und der gesamten Menschheit.

Das 20. Jahrhundert und der Triumph der Globalisierung: Die zweite Phase

Im 20. Jahrhundert traf der Kapitalismus auf eine neue Herausforderung. Diesmal war es nicht eine gewöhnliche Form der kollektiven Identität — Religion, Stand usw. —, sondern künstliche und moderne Theorien (wie der Liberalismus selbst), die den Individualismus ablehnten und ihm mit neuen Formen der kollektiven Identität (konzeptuell verbunden) entgegentraten.

Sozialisten, Sozialdemokraten und Kommunisten bekämpften die Liberalen mit Klassenidentitäten und riefen die Arbeiter auf der ganzen Welt dazu auf, die Macht der weltweiten Bourgeoisie zu stürzen. Diese Strategie erwies sich als effektiv und in einigen größeren Ländern (wenn auch nicht in den industrialisierten westlichen Staaten, wie es sich Karl Marx und Friedrich Engels, die Begründer des sogenannten wissenschaftlichen Kommunismus, erhofft hatten) ereigneten sich siegreiche proletarische Revolutionen.

Parallel zum Vormarsch der Kommunisten kam es dieses Mal in Westeuropa zu Machtergreifungen von extrem nationalistischen Kräften. Sie handelten im Namen der »Nation« oder der »Rasse« und stellten dem liberalen Individualismus mit dem »gemeinsamen, kollektiven Dasein« ein Gegenbild entgegen.

Diese neuen Gegner des Liberalismus verharrten nicht länger in der Trägheit der Vergangenheit wie in vorhergehenden Stufen, sondern stellten modernistische Pläne dar, die im Westen selbst entwickelt worden waren. Doch sie wurden auch auf der Ablehnung des Individualismus und Nominalismus errichtet. Das wurde in aller Deutlichkeit von den Theoretikern des Liberalismus (vor allem Hayek und seinem Schüler Popper) verstanden, welche die »Kommunisten« und »Faschisten« unter dem gemeinsamen Namen »Feinde der

Offenen Gesellschaft« vereinten und mit ihnen einen Kampf gleichsam bis aufs Messer begannen.

Indem sie Sowjetrussland taktisch in Stellung brachten, war der Kapitalismus anfänglich erfolgreich darin, mit den faschistischen Regimen fertig zu werden und dies führte zum — auch ideologischen — Ergebnis des Zweiten Weltkriegs. Der darauf folgende Kalte Krieg zwischen Ost und West endete Ende der 1980er Jahre mit einem liberalen Sieg über die Kommunisten.

Folglich ging der Plan der Befreiung des Individuums von allen Formen der kollektiven Identität und damit der »ideologische Fortschritt«, so wie er von den Liberalen verstanden wurde, in eine neue Stufe über. In den 1990ern begannen liberale Theoretiker damit, über das »Ende der Geschichte« (F. Fukuyama) und den »unipolaren Moment« (C. Krauthammer) zu sprechen.

Dies war ein anschaulicher Beweis für den Eintritt des Kapitalismus in seine höchste Stufe — die Stufe des Globalismus. In der Tat war dies der Zeitpunkt, an dem die Strategie des Globalismus der herrschenden Eliten der USA triumphierte — zunächst im Ersten Weltkrieg im Rahmen von Wilsons 14 Punkten dargelegt, doch erst am Ende des Kalten Krieges von beiden Parteien angenommen. Diese wurde von Demokraten und Republikanern, doch hauptsächlich von den »Neokonservativen«, vertreten.

Gender und Posthumanismus: Die dritte Phase

Nachdem er seinen letzten ideologischen Feind besiegt hatte, das sozialistische Lager, war der Kapitalismus an einen kritischen Punkt angelangt. Der Individualismus, der Markt, die Ideologie der Menschenrechte, die Demokratie und die westlichen Werte hatten sich im globalen Maßstab durchgesetzt. Es schien, als wäre die Agenda erfüllt worden, da sich niemand mehr dem »Individualismus« und Nominalismus ernsthaft und systematisch entgegenstellte.

In dieser Periode tritt der Kapitalismus in seine dritte Stufe ein. Bei näherem Hinschauen erkennt man, dass die Liberalen, nachdem sie ihren äußeren Feind besiegt hatten, zwei weitere Formen der kollektiven Identität entdeckten. Zunächst entdeckten sie die Genderidentität. Denn letztendlich ist Gender etwas Kollektives, entweder männlich oder weiblich. Der nächste Schritt bestand also in der Zerstörung des Genders als etwas Objektivem, Wesentlichem und Unersetzbarem.

Die Genderidentität muss genauso abgeschafft werden wie alle anderen Formen der kollektiven Identität, die zuvor abgeschafft wurden. Daher kommt die Genderpolitik, die Transformation der Kategorie Gender in etwas »Optionales«, das von der individuellen Wahl abhängt. Hier haben wir es wieder mit demselben Nominalismus zu tun: Warum doppelte Entitäten? Eine Person ist nur als Individuum eine Person, die Genderidentität kann willkürlich gewählt werden, genauso wie die Religion, der Beruf, die Nation oder die Lebensart zuvor gewählt worden sind.

Dies wurde zur Hauptagenda der liberalen Ideologie nach der Niederlage der Sowjetunion in den 1990er Jahren. Ja, äußere Feinde stellten sich der Genderpolitik in den Weg — jene Länder, die noch immer über Überbleibsel der traditionellen Gesellschaft verfügten, Familienwerte usw., genauso wie konservative Kreise im Westen selbst. Der Kampf gegen Konservative und »Homophobe«, also Verteidigern der traditionellen Sicht auf die Existenz der Geschlechter, wurde zum neuen Ziel der Anhänger des progressiven Liberalismus. Viele Linke haben sich dem angeschlossen und ihre früheren antikapitalistischen Ziele durch Genderpolitik und den Schutz der Einwanderung ersetzt.

Mit dem Erfolg der Institutionalisierung von Gendernormen und dem Erfolg der Masseneinwanderung, welche die Populationen des Westens selbst atomisieren (dies passt auch perfekt zur Ideologie der Menschenrechte, die mit dem Individuum ohne Rücksicht auf kulturelle, religiöse, nationale oder soziale Aspekte operiert) wurde offenbar, dass die Liberalen nur noch einen letzten Schritt gehen mussten — die Abschaffung des Menschen.

Denn die Menschheit ist letzten Endes auch eine kollektive Identität, was bedeutet, dass sie überwunden, abgeschafft und zerstört werden muss. Das ist genau das, was das Prinzip des Nominalismus fordert: Eine »Person« ist nur ein Name, ein leerer Windstoß, eine willkürliche und daher immer strittige Klassifizierung. Es gibt nur das Individuum — menschlich oder nicht, männlich oder weiblich, religiös oder atheistisch, das hängt alles von seiner Wahl ab.

Folglich besteht der letzte Schritt für die Liberalen, die schon seit Jahrhunderten ihrem Ziel entgegenstreben, darin, die Menschen zu ersetzen — wenn auch nur teilweise — durch Cyborgs, Netzwerke der künstlichen Intelligenz und Produkte der Gentechnologie. Nachdem das Geschlecht optional wurde, folgt, dass auch das Menschsein nur noch optional ist.

Diese Agenda wird bereits vom Posthumanismus, Postmodernismus und spekulativen Realismus in der Philosophie überschattet und wird technologisch mit jedem Tag machbarer. Zukunftsforscher und Vertreter einer Beschleunigung des geschichtlichen Prozesses (die sogenannten Akzelerationisten) schauen mit Selbstbewusstsein in die nahe Zukunft, wenn die künstliche Intelligenz mit menschlichen Wesen vergleichbar sein wird. Diesen Moment nennt man Singularität. Seine Ankunft wird innerhalb von zehn bis zwanzig Jahren erwartet.

Das letzte Gefecht der Liberalen

Das ist der Zusammenhang, in den wir Bidens betrügerischen Sieg in den USA stellen müssen. Das ist die Bedeutung des Great Resets und der Parole »Build Back Better«.

In den 2000ern wurden die Globalisten mit einer Reihe von Problemen konfrontiert, die ihrer Natur nach weniger ideologisch als »zivilisatorisch« waren. Seit den späten 1990er Jahren gab es buchstäblich keine mehr oder weniger kohärente Ideologie in der Welt, die Liberalismus, Kapitalismus und Globalismus hätte herausfordern können. In unterschiedlichem Ausmaß sind diese Prinzipien von allen oder fast allen angenommen worden. Nichtsdestotrotz ist die Umsetzung des Liberalismus und der Genderpolitik sowie die Abschaffung der Nationalstaaten zugunsten einer Weltregierung an mehreren Fronten aufgehalten worden.

Diesem Trend stellte sich zunehmend Putins Russland entgegen, welches Nuklearwaffen und eine historische Tradition des Widerstands gegen den Westen besaß, ebenso wie es eine Anzahl von konservativen Traditionen in der Gesellschaft bewahrt hatte.

China, obwohl es sich aktiv in der Globalisierung engagierte und liberale Reformen durchführte, ließ sich nicht dazu verleiten, diese auch in seinem politischen System anzuwenden und bewahrte die Dominanz der Kommunistischen Partei, sowie verweigerte die politische Liberalisierung. Mehr noch, unter Xi Jinping begannen nationale Trends in der chinesischen Politik zu wachsen. Peking nutzte die »offene Welt« um seine eigenen nationalen und sogar zivilisatorischen Interessen zu verfolgen. Und das war nicht Teil der globalistischen Pläne.

Die islamischen Länder setzten ihren Kampf gegen die Verwestlichung durch und hielten, trotz der Blockaden und des Drucks, ihre unversöhnlich anti-westlichen und anti-liberalen Regime aufrecht (wie der schiitische Iran). Die Politik der großen sunnitischen Staaten wie der Türkei und Pakistan ist zunehmend unabhängig vom Westen geworden.

In Europa begann sich eine Welle des Populismus zu erheben, als die Unzufriedenheit der indigenen Europäer mit der Masseneinwanderung und der Genderpolitik explodierte. Europas politische Eliten blieben der globalistischen Strategie komplett untergeordnet, wie man auf dem Davosforum bei den Berichten seiner Theoretiker Schwab und Prinz Charles sehen konnte, aber die Gesellschaften selbst gerieten in Bewegung und erhoben sich manchmal sogar in direkten Aufständen gegen die Autoritäten — wie etwa im Fall der »Gelbwesten«-Proteste in Frankreich. In einigen Ländern, wie etwa Italien, Deutschland und Griechenland, haben es die populistischen Parteien sogar ins Parlament geschafft.

Und 2016 gelang es Donald Trump sogar, in den Vereinigten Staaten selbst zum Präsidenten zu werden, welcher die globalistische Ideologie, ihre Praktiken und Ziele einer harschen Kritik unterzog. Dabei wurde er von der Hälfte der Amerikaner unterstützt.

All diese anti-globalistischen Tendenzen trugen in den Augen der Globalisten zu einem unheilvollen Bild bei: Die Geschichte der letzten Jahrhunderte mit ihrem scheinbar ungebrochenen Fortschritt der Nominalisten und Liberalen wurde in Frage gestellt. Dabei handelte es sich nicht nur einfach um eine Katastrophe von diesem oder jenem politischen Regime. Es stellte den Liberalismus als solchen in Frage und prophezeite ihm sein Ende.

Sogar die Theoretiker des Globalismus selbst ahnten, dass etwas schief lief. Fukuyama zum Beispiel gab seine These vom »Ende der Geschichte« auf und schlug vor, dass die Nationalstaaten unter der Herrschaft der liberalen Eliten verbleiben sollten, um die Massen auf die Transformation in die Post-Menschheit mit der Unterstützung rigider Maßnahmen besser vorzubereiten. Ein anderer Globalist, Charles Krauthammer, erklärte den »unipolaren Moment« für beendet und dass es den globalistischen Eliten nicht gelungen wäre, diesen zu ihrem Vorteil zu nutzen.

Das ist genau die Panik und fast genau der hysterische Zustand, in dem sich die Vertreter der globalistischen Elite in den letzten vier Jahren befunden haben. Und aus diesem Grund war die Entfernung von Trump als dem Präsidenten der Vereinigten Staaten für sie eine Frage von Leben und Tod. Wäre Trump im Amt geblieben, wäre der Kollaps der globalistischen Strategie nicht mehr zu verhindern gewesen.

Aber Biden war erfolgreich darin, Trump von der Macht zu vertreiben und dessen Unterstützer zu dämonisieren — auf Biegen und

Brechen. Genau hier kommt der Great Reset ins Spiel. Er bietet nichts Neues — vielmehr handelt es sich bei ihm um eine Fortsetzung des Hauptvektors der westeuropäischen Zivilisation in Richtung Fortschritt, interpretiert im Geist der liberalen Ideologie und der nominalistischen Philosophie. Nicht viel bleibt davon übrig: Der Plan, die Individuen von den letzten Formen der kollektiven Identität zu befreien — um die Abschaffung der Genderidentität und den Schritt hin zum posthumanistischen Paradigma abzuschließen.

Fortschritte in der Hochtechnologie und der Integration der Gesellschaften in soziale Netzwerke werden von den liberalen Eliten aufs Schärfste kontrolliert, wie sich nun zeigt, und die Verbesserung von Mitteln zur Verfolgung und Beeinflussung der Massen bringt die globalen liberalen Eliten ihrem Ziel zum Greifen nahe.

Um aber den entscheidenden Wurf zu landen, müssen sie in einen beschleunigten Modus übergehen (und dürfen nicht länger darauf achten, wie dieser auf Außenstehende wirkt), um rasch den Weg für die Beendigung der Geschichte freizumachen. Und das Hinwegfegen Trumps stellt das Signal für den Angriff auf alle anderen Hindernisse dar.

Wir haben also unseren Platz auf der Skala der Geschichte bestimmt. Indem wir dies getan haben, haben wir ein vollständigeres Bild davon erhalten, worum es beim Great Reset geht. Er ist nicht weniger als der Beginn der »letzten Schlacht«. Die Globalisten wirken auf sich selbst in ihrem Kampf für den Nominalismus, Liberalismus, die individuelle Befreiung und Zivilgesellschaft als »Krieger des Lichts«, bringen den Fortschritt, die Befreiung von Jahrtausenden des Vorurteils und neue Möglichkeiten — vielleicht sogar physische Unsterblichkeit und die Wunder der Gentechnik zu den Massen.

Alle die sich dem entgegenstellen sind in ihren Augen »Kräfte der Dunkelheit«. Und dieser Logik zu Folge müssen die »Feinde der Offenen Gesellschaft« mit besonderer Härte bestraft werden. »Wenn der Feind nicht kapituliert, wird er zerstört werden.« Dieser Feind ist jedermann, der den Liberalismus, den Globalismus, den

Individualismus und den Nominalismus in all ihren Facetten in Frage stellt. Das ist die neue Ethik des Liberalismus. Das darf man nicht persönlich nehmen. Jeder hat das Recht, liberal zu sein, aber niemand hat das Recht dazu, etwas anderes als liberal zu sein.

TEIL 3

DAS SCHISMA IN DEN USA: DER TRUMPISMUS UND SEINE FEINDE

Der Feind im Inneren

IN EINEM ENGEREN Zusammenhang als dem Rahmen der allgemeinen Geschichte des Liberalismus von Ockham bis Biden hat Trumps Sieg im Kampf in der Schlacht um das Weiße Haus im Winter 2020—2021, so unglaublich schmerzhaft er für die Demokraten als solcher war, auch eine enorme ideologische Bedeutung. Das hat hauptsächlich mit den Prozessen zu tun, die sich innerhalb der amerikanischen Gesellschaft entfalten.

Es ist eine Tatsache, dass der globale Liberalismus nach dem Fall der Sowjetunion und dem Anbruch des »unipolaren Moments« in den 1990er Jahren keine äußeren Gegner mehr hatte. Zumindest schien es so im Zusammenhang der optimistischen Erwartung des »Endes der Geschichte«. Obwohl sich solche Vorhersagen als verfrüht erwiesen haben, hat sich Fukuyama nicht einfach gefragt, ob die Zukunft angekommen ist, er folgte einfach nur streng der eigentlichen Logik der liberalen Interpretation der Geschichte, und daher war seine Analyse im Allgemeinen richtig, gepaart mit einigen Anpassungen.

In der Tat wurden die Normen der liberalen Demokratie — der Markt, Wahlen, Kapitalismus, die Anerkennung der »Menschenrechte«, die Normen der »Zivilgesellschaft«, die Übernahme technokratischer Transformationen und ein Streben nach der Entwicklung und Implementierung der Hochtechnologie — gewissermaßen in der gesamten Menschheit etabliert. Wenn einige dem in ihrer Aversion gegenüber der Globalisierung widerstanden, kann man dies als bloße Regungslosigkeit ansehen, als Unwilligkeit, mit dem liberalen Fortschritt gesegnet zu werden.

Anders gesagt war das keine ideologische Gegnerschaft im eigentlichen Sinne, sondern eine unglückliche Belästigung. Zivilisatorische Unterschiede würden schrittweise ausradiert werden. Die Übernahme des Kapitalismus durch China, Russland und die islamische Welt würde früher oder später den Prozess der politischen Demokratisierung, der Schwächung der nationalen Souveränität mit einschließen und eventuell zur Institution eines planetaren Systems, einer Weltregierung führen. Das war keine Frage des ideologischen Kampfes, sondern nur eine Frage der Zeit.

In diesem Zusammenhang setzten die Globalisten weitere Maßnahmen ein, um ihr Grundprogramm der Abschaffung aller übrig gebliebenen Formen der kollektiven Identität voranzubringen. Dies betraf hauptsächlich die Genderpolitik ebenso wie die Intensivierung der Migrationsflüsse, die man erzeugte, um die kulturelle Identität der westlichen Gesellschaften selbst zu untergraben, die europäischen und amerikanischen Gesellschaften mit eingeschlossen. Folglich fügte die Globalisierung dem Westen selbst den größten Schlag zu.

Hierbei begann ein »Feind im Inneren« im Westen selbst zu entstehen. Dieser umfasst alle Kräfte, die die Zerstörung der sexuellen Identität, die Zerstörung der Überreste der kulturellen Tradition (durch Einwanderung) und die Schwächung der Mittelklasse verabscheuten. Die posthumanistischen Horizonte der drohenden

Singularität und der Ersetzung der Menschen durch künstliche Intelligenz wurden auch immer beunruhigender. Und auf einer philosophischen Ebene akzeptierten nicht alle Intellektuellen die paradoxen Schlussfolgerungen der Postmoderne und des spekulativen Realismus.

Weiters gab es einen eindeutigen Widerspruch zwischen den westlichen Massen, die im Zusammenhang der alten Normen der Moderne lebten, und den globalistischen Eliten, die um jeden Preis danach trachteten, den sozialen, kulturellen und technologischen Fortschritt zu beschleunigen, so wie man ihn aus liberaler Sicht versteht. Folglich begann ein neuer ideologischer Dualismus Form anzunehmen, nur dieses Mal eher innerhalb des Westens als außerhalb von ihm. Die Feinde der »Offenen Gesellschaft« begannen nun in der westlichen Gesellschaft selbst aufzutauchen. Bei ihnen handelte es sich um jene, welche die jüngsten Ziele der Liberalen zurückwiesen und Genderpolitik, Masseneinwanderung und Abschaffung der Nationalstaaten sowie der Souveränität nicht akzeptierten.

Gleichzeitig zog jedoch dieser wachsende Widerstand, den man allgemein als »Populismus« bezeichnete (oder auch »Rechtspopulismus«), dieselben liberalen Ideologien an — Kapitalismus und liberale Demokratie —, interpretierte diese »Werte« und »Maßstäbe« jedoch eher in einem alten als in einem neuen Sinn.

Die Freiheit wurde hier als Freiheit angesehen, jede Meinung zu vertreten, nicht nur die, welche mit den Normen der politischen Korrektheit übereinstimmt. Die Demokratie wurde als Herrschaft der Mehrheit interpretiert. Die Freiheit das Geschlecht zu wechseln wurde mit der Freiheit, den Familienwerten treu zu bleiben kombiniert. Die Bereitschaft, Einwanderer aufzunehmen, welche ihren Wunsch und ihre Fähigkeit zur Integration in die westlichen Gesellschaften ausdrückten, wurde scharf von der pauschalen Aufnahme aller ohne Unterschied, begleitet von einer ununterbrochenen Entschuldigung an die Neuankömmlinge für die eigene koloniale Vergangenheit, unterschieden.

Schritt für Schritt nahm der »innere Feind« der Globalisten immer bedrohlichere Züge und größeren Einfluss an. Die alte Demokratie forderte die neue heraus.

Trump und der Aufstand der Erbärmlichen

Dies gipfelte im Sieg Trumps 2016. Trump baute seine Kampagne auf dieser Spaltung der amerikanischen Gesellschaft auf. Der globalistische Kandidat Hillary Clinton nannte Trumps Unterstützer rücksichtslos den »inneren Feind«, »die Überflüssigen«, was man wirklich als »erbärmlich« und »bedauerlich« bezeichnen muss. Die »Überflüssigen« antworteten, indem sie Trump wählten.

Folglich wurde die Spaltung innerhalb der liberalen Demokratie zu einer ernsten politischen und ideologischen Tatsache. Jene, welche die Demokratie auf die »alte Art« interpretierten (als Herrschaft der Mehrheit), rebellierten nicht nur gegen die neue Interpretation (als Minderheitenherrschaft gegen die Mehrheit, die eine populistische Haltung einnahm, behaftet mit… genau, Sie haben es erraten, »Faschismus« oder »Stalinismus«), es gelang ihnen auch zu siegen und ihren Kandidaten ins Weiße Haus zu bringen.

Trump für seinen Teil erklärte seine Absicht, »den Sumpf trockenzulegen«, und das bedeutet, den Liberalismus in seiner globalistischen Ausformung ad acta zu legen und »Amerika wieder groß zu machen«. Achten Sie auf das Wort »wieder«. Trump wollte zur Ära der Nationalstaaten zurückkehren und eine Serie von Maßnahmen gegen den gegenwärtigen Verlauf der Geschichte (so wie sie von den Liberalen verstanden wurde) in die Wege leiten. Anders ausgedrückt wurde »die gute alte Welt von damals« der »globalistischen

Welt von heute« und der »posthumanistischen Welt von morgen« entgegengesetzt.

Die folgenden vier Jahre wurden zu einem richtigen Alptraum für die Globalisten. Die von ihnen beherrschten Medien beschuldigten Trump jedweder Schandtat — der »Arbeit für die Russen« eingeschlossen, weil auch die »Russen« sich aus dieser Sicht der »schönen neuen Welt« widersetzten und supranationale Institutionen sabotierten, bis hin zu jener der Weltregierung, und Schwulenparaden verhinderten.

Alle Feinde der liberalen Globalisierung wurden logischerweise zusammengefasst und dies umfasste nicht nur Putin, Xi Jinping und einige islamische Führer, sondern — stellen Sie sich das vor! — den Präsidenten der Vereinigten Staaten von Amerika, der Nummer Eins der »Freien Welt«. Das war eine Katastrophe für die Globalisten. Bis Trump abgesetzt wurde — mittels Farbrevolutionen, inszenierten Aufständen, gefälschten Stimmzetteln und Stimmzählmethoden, welche man zuvor nur gegen andere Länder und Regime eingesetzt hatte — waren sie nicht dazu in der Lage, sich wohl zu fühlen.

Erst nachdem die Globalisten das Weiße Haus erneut übernommen hatten, kamen sie wieder zu Sinnen. Und sie machten so weiter wie… bisher. Aber in ihrem Fall bedeutete »bisher« (wiederaufbauen) die Rückkehr zum »unipolaren Moment« — der Zeit vor Trump.

Der Trumpismus

Trump hat die Welle des Populismus 2016 geritten, wie es keinem anderem europäischen Führer gelungen war. Trump wurde zu einem Symbol der Opposition gegen die liberale Globalisierung. Ja, es war keine alternative Ideologie, sondern bloß ein verzweifelter Widerstand gegen die jüngsten Schlussfolgerungen, die man aus der Logik und sogar der Metaphysik des Liberalismus (und des Nominalismus) gezogen hatte. Trump hat nicht im Geringsten den Kapitalismus und die Demokratie herausgefordert, sondern nur die Formen, welche sie in der jüngsten Phase ihrer graduellen und konsequenten Umsetzung

angenommen hatten. Aber sogar das war ausreichend, um eine ernsthafte Spaltung der amerikanischen Gesellschaft zu markieren.

Genau auf diese Art nahm das Phänomen des »Trumpismus«
Form an und übertraf in vielerlei Hinsicht die Ausmaße von Donald
Trumps eigener Persönlichkeit. Trump ritt die Protestwelle der Anti-
Globalisierung. Aber es ist klar, dass er niemals eine ideologische
Figur war, noch heute eine solche ist. Und dennoch begann sich um
ihn herum dieser Oppositionsblock zu bilden. Die amerikanische
Autorin Ann Coulter, Autorin des Buches *In Trump We Trust*, hat
seitdem ihr Kredo in »in Trumpism we trust« umformuliert.

Nicht Trump selbst, sondern eher seine Opposition gegen die
Globalisten wurde zum Kern des Trumpismus. In seiner Rolle als
Präsident wurde Trump selbst nicht immer der von ihm selbst formu-
lierten Aufgabe gerecht. Und vor allem war er nicht dazu in der Lage,
irgendetwas zu erreichen, was dem »Austrocknen des Sumpfes« und
der Vernichtung des Globalismus nahe kam. Und dennoch rückte er
ins Zentrum der Aufmerksamkeit all derer, die sich der Gefahr bewusst waren oder sie zumindest erahnten, die von den globalistischen
Eliten und den Vertretern der Big Finance und Big Tech, die nicht
voneinander trennbar sind, ausging.

Folglich begann der Kern des Trumpismus Form anzunehmen. Der amerikanische konservative Intellektuelle Steve Bannon
spielte eine wichtige Rolle in diesem Prozess und mobilisierte
breite Schichten Jugendlicher und verschiedenartige konservative
Bewegungen zur Unterstützung von Trump. Bannon selbst wurde von
ernsthaften anti-modernen Autoren wie Julius Evola inspiriert und
seine Gegenerschaft zu Globalismus und Liberalismus hatte daher
tiefere Wurzeln.

Eine wichtige Rolle innerhalb des Trumpismus wurde von den
konsequenten Paläo-Konservativen gespielt — Isolationisten und
Nationalisten —, etwa von Patrick Buchanan, Ron Paul, aber auch
Anhängern der anti-liberalen und anti-modernen Philosophie (dementsprechend handelt es sich hier um fundamentale Anti-Globalisten)

wie Richard Weaver und Russell Kirk, welche durch die Neokonservativen (den Globalisten von rechts) seit den 1980er Jahren marginalisiert worden waren.

Die Rolle der Triebfeder hinter der Massenmobilisierung der »Trumpisten« fiel dem Netzwerk Qanon zu, welches seine Kritik des Liberalismus, der Demokraten und der Globalisten in Form von Verschwörungstheorien formulierte. Es verbreitete einen Schall von Anschuldigungen und Denunziationen der Globalisten, dass diese in Sexskandale, Pädophilie, Korruption und Satanismus verwickelt wären.

Die wahren Intentionen der sinisteren Natur der liberalen Ideologie — die in den jüngsten Phasen ihrer triumphalen Verbreitung über die Menschheit hinweg offengelegt wurden — wurden von den Qanonunterstützern auf der Ebene der durchschnittlichen Amerikaner und des Massenbewusstseins formuliert, welche kaum einer philosophischen und ideologischen Tiefenanalyse zugeneigt sind. Parallel dazu weitete Qanon seinen Einfluss aus, verlieh dabei aber auch der anti-liberalen Kritik groteske Züge.

Es waren die Qanonunterstützer, welche die Proteste am 6. Januar als Avantgarde des Massenverschwörungspopulismus anführten, als die von der gestohlenen Wahl in Wut geratenen Trumpunterstützer das Kapitol stürmten. Sie haben kein einziges Ziel erreicht und dafür Biden und den Demokraten einen Vorwand geliefert, um den »Trumpismus« und alle Gegner des Globalismus noch stärker zu dämonisieren, sowie jeden Konservativen als »Extremisten« zu brandmarken. Es folgte eine Welle von Verhaftungen und die konsequentesten »Neuen Demokraten« schlugen vor, den Trumpunterstützern alle sozialen Menschenrechte zu nehmen, die Möglichkeit Flugtickets zu kaufen mit eingeschlossen.

Seitdem die sozialen Medien regelmäßig von den Unterstützern der liberalen Elite überwacht werden, stellt das Sammeln von Informationen über fast jeden US-Bürger und seine politischen

Präferenzen kein Problem dar. Also bedeutet Bidens Einzug ins Weiße Haus, dass der Liberalismus offen totalitäre Züge angenommen hat.

Von nun an werden Trumpismus, Populismus, die Verteidigung von Familienwerten und jedes Fünkchen Konservatismus oder des Nichteinverständnisses mit den Lehren des globalistischen Liberalismus in den USA fast einem Verbrechen gleichkommen — nämlich der sogenannten »Hassrede« und des »Faschismus«.

Dennoch verschwand der Trumpismus nicht mit dem Sieg Bidens. Auf die eine oder andere Art stehen noch immer diejenigen hinter ihm, die bei den letzten Wahlen ihre Stimme für Trump abgegeben haben und das sind mehr als 70.000.000 Wähler.

Es ist also klar, dass der »Trumpismus« keineswegs mit Trump endet. Vielmehr hat sich die Hälfte der US-Bevölkerung in einer Position der radikalen Opposition wiedergefunden und die konsequentesten Trumpisten stellen den Kern des anti-globalistischen Untergrunds inmitten der Zitadelle des Globalismus selbst dar.

Etwas ähnliches passiert in den europäischen Ländern, wo die populistischen Bewegungen und Parteien sich zunehmend bewusst werden, dass sie Dissidenten sind, denen man alle Rechte genommen hat und die zum Opfer der ideologischen Verfolgung unter der offenen Diktatur der Globalisten geworden sind.

Ganz gleich wie sehr die Globalisten, die die Macht in den USA zurückerobert haben, die vergangenen vier Jahre als ein »unglückliches Missverständnis« präsentieren und ihren Sieg als endgültige »Rückkehr zur Normalität« darstellen wollen, das objektive Bild stellt sich ganz anders dar, als der beruhigende Zauber der globalistischen Oberschicht es uns weismachen will. Nicht nur die Länder mit einer anderen zivilisatorischen Identität mobilisieren dagegen und gegen diese Ideologie, sondern dieses Mal ist es auch die Hälfte der eigenen Bevölkerung, die Stück für Stück die Ernsthaftigkeit der Situation begreift und damit beginnt, nach einer ideologischen Alternative zu suchen.

Das sind die Bedingungen unter denen Biden zum Oberhaupt der Vereinigten Staaten geworden ist. Amerikas Erde selbst brennt unter den Füßen der Globalisten. Und dies gibt der Situation der »letzten Schlacht« eine weitere, besondere Dimension. Bei ihr handelt es sich nicht um einen Kampf zwischen Westen und Osten, nicht zwischen den USA und der NATO gegen alle anderen, sondern um eine Schlacht der Liberalen gegen die Menschheit — und das schließt auch jenen Teil der Menschheit mit ein, der sich selbst auf dem Territorium des Westens befindet, der sich jedoch immer mehr von den globalistischen Eliten wegbewegt. Daraus ergibt sich die Ausgangslage dieser Schlacht.

Individuum und Dividuum

Ein weiterer wesentlicher Punkt muss klargestellt werden. Wir haben die gesamte Geschichte des Liberalismus als die fortschreitende Befreiung des Individuums von allen Formen der kollektiven Identität betrachtet. Der Schlussakkord in diesem Prozess der logisch perfekten Implementierung des Nominalismus wird im Übergang zum Posthumanismus und der wahrscheinlichen Ersetzung der Menschheit durch eine andere — dieses Mal post-menschliche — Maschinenzivilisation bestehen. Das ist es, wohin ein konsistenter Individualismus absolut genommen hinführt.

Aber hier gelangt die liberale Philosophie zu einem grundlegenden Paradoxon. Die Befreiung des Individuums von seiner menschlichen Identität, auf die es von der Genderpolitik vorbereitet wird, indem diese das menschliche Wesen bewusst und zielstrebig in ein pervertiertes Monster verwandelt, kann nicht garantieren, dass dieses neue — progressive! — Wesen ein Individuum bleiben wird.

Vielmehr weist die Entwicklung der Computernetzwerktechnologien, der Gentechnik und der objekt-orientierten Ontologie selbst, welche den Kulminationspunkt der Postmoderne darstellt, klar hin zur Tatsache, dass das »neue Sein« nicht so sehr ein »Tier« sein wird, sondern eine »Maschine«. Das im Hinterkopf behalten ist es wahrscheinlich, dass die »Unsterblichkeit« in Form einer künstlichen Erhaltung von persönlichen Erinnerungen (welche ziemlich einfach zu simulieren sind) angeboten werden wird.

Folglich wird das Individuum der Zukunft, als Erfüllung des gesamten Programms des Liberalismus, nicht dazu in der Lage sein, das eigentliche Ziel des liberalen Fortschritts zu garantieren. Damit ist seine Individualität gemeint. Das liberale Sein der Zukunft, auch in der Theorie, ist keinesfalls »Individuum«, etwas »Unteilbares«, sondern ein »Dividuum«, also etwas »Teilbares«, das aus austauschbaren Teilen besteht. Genau das ist die Maschine — sie besteht aus einer Kombination von Teilen.

In der theoretischen Physik hat schon lange ein Übergang von der Theorie der »Atome« (also »unteilbaren Einheiten der Materie«) zur Theorie der Partikel stattgefunden, die man nicht als »Teile von etwas Ganzem« denkt, sondern als »Teile ohne ein Ganzes« begreift. Das Individuum als ein Ganzes löst sich auch in Einzelteile auf, die neu zusammengesetzt werden können, man kann sie aber auch nicht zusammensetzen und stattdessen als Biokonstruktor verwenden. Daraus ergeben sich die Figuren der Mutanten, Chimären, Monster, die zuhauf in der modernen Fiktion vorkommen und die am raffiniertesten ausgemalten (und folglich in einem gewissen Sinne vorhergesehenen und sogar geplanten) Versionen der Zukunft ausmachen.

Die Postmodernisten und spekulativen Realisten haben bereits den Boden für den Vorschlag vorbereitet, den menschlichen Körper als etwas Ganzes mit der Idee des »Parlaments der Organe« (B. Latour) zu ersetzen. Auf diese Art würde das Individuum — sogar als biologische Einheit — zu etwas anderem werden und genau in dem Moment mutieren, indem es seine absolute Verkörperung erreicht.

Der menschliche Fortschritt endet in der liberalen Interpretation unausweichlich mit der Abschaffung der Menschheit.

Das ist es, was all jene, die den Kampf gegen den Globalismus und Liberalismus aufnehmen, vermuten, wenn auch sehr vage. Obwohl

Qanon und seine anti-liberalen Verschwörungstheorien nur die Realität verzerren, indem sie ihr suspekte und groteske Eigenschaften zuschreiben, ist die Realität, wenn man sie nüchtern und objektiv beschreibt, viel erschreckender und alarmierender ist als ihre alarmierendsten und monströsesten Vorahnungen.

Der Great Reset stellt in der Tat einen Plan zur Auslöschung der Menschheit dar. Genau daraus ergibt sich die Schlussfolgerung, wohin die Linie des liberal verstandenen »Fortschritts« führt: Das Streben danach, das Individuum von allen Formen der kollektiven Identität zu befreien, kann daran scheitern, dass Individuum von sich selbst zu befreien.

TEIL 4

DAS GROSSE ERWACHEN

Das Große Erwachen: Ein Schrei durchdringt die Nacht

WIR NÄHERN UNS EINER THESE, die das genaue Gegenteil des Great Resets darstellt: der These vom »Großen Erwachen«.

Diese Parole wurde zuerst von amerikanischen Anti-Globalisten formuliert, wie dem Gastgeber des alternativen Fernsehkanals *Infowars*, Alex Jones, der unter die Zensur und das De-Platforming von den sozialen Netzwerken der Globalisten in der ersten Phase der Trump-Präsidentschaft fiel, sowie Qanon-Aktivisten. Es ist wichtig, dass das in den USA passiert, wo ein Groll zwischen den globalistischen Eliten und den Populisten herrscht, welche einen eigenen Präsidenten hatten, wenn auch nur vier Jahre lang, und auf der Stelle treten aufgrund administrativer Hindernisse und den Begrenzungen ihres eigenen ideologischen Horizonts.

Befreit von ernsthaftem ideologischem und philosophischem Gepäck, waren die Anti-Globalisten in der Lage, das Wesen der wichtigsten Prozesse, die sich in der modernen Welt entfalten, zu erfassen. Der Liberalismus und der Great Reset sind Ausdrücke der Entschlossenheit der liberalen Eliten, ihre Pläne mit allen

Mitteln bis zum Ende zu verfolgen, eine offene Diktatur mitein-
geschlossen, ebenso wie großflächige Repressionen und umfassende
Desinformationskampagnen, doch dabei sind sie auf einen wachsenden und zunehmend bewussten Widerstand getroffen.

Alex Jones beendet seine Sendungen immer mit dem gleichen
Schlachtruf — »Ihr seid der Widerstand!« In diesem Fall haben Alex
Jones selbst oder die Aktivisten von Qanon nicht streng definierte
Weltanschauungen. Insofern sind sie Vertreter der Massen, derselben
»Überflüssigen«, die so schmerzhaft von Hillary Clinton erniedrigt
worden sind. Was nun erwacht, ist nicht ein Lager ideologischer
Gegner des Liberalismus, der Feinde des Kapitalismus oder ideologischer Gegner der Demokratie. Sie sind nicht einmal Konservative. Sie
sind einfach Menschen — Menschen als solche, die gewöhnlichsten
und einfachsten. Aber… Menschen, die menschlich bleiben wollen,
die ihre Freiheit haben und behalten wollen, ihre Geschlechtsidentität,
ihre Kultur, ihr Leben, die konkreten Bande zu ihrer Heimat, zur Welt
um sie herum, zum Volk.

Beim Großen Erwachen geht es nicht um die Eliten und
Intellektuellen, sondern um das Volk, die Massen, aber auch die
Menschen an sich. Und bei dem betreffenden Erwachen geht es nicht
um eine ideologische Analyse. Es ist eine spontane Reaktion der
Massen, die kaum philosophisch gebildet sind, denen plötzlich klar
wird, wie dem Vieh vor dem Schlachthaus, dass ihr Schicksal bereits
von ihren Herrschern entschieden wurde und dass es in der Zukunft
keinen Platz mehr für die Völker gibt.

Das Große Erwachen ist spontan, größtenteils unbewusst, in-
tuitiv und blind. Es ist keineswegs eine Ausdrucksmöglichkeit für
Bewusstsein, für eine Schlussfolgerung, für eine tiefe historische
Analyse. Wie wir im Videomaterial zu den Ereignissen auf dem
Kapitol gesehen haben, haben die Aktivisten Trumps und Anhänger
von Qanon wie Figuren aus einem Comic oder Marvel-Superhelden
ausgesehen. Die Verschwörung ist die Kinderkrankheit der Anti-
Globalisierung. Andererseits haben wir es hier mit dem Beginn eines

grundlegenden historischen Prozesses zu tun. Auf diese Art beginnt der Widerstandspol gegen diesen Verlauf der Geschichte im liberalen Sinn zu entstehen.

Aus diesem Grund darf die These des Großen Erwachens nicht übereilt mit ideologischen Details — entweder fundamentalen Konservatismus (inklusive religiösem Konservatismus), Traditionalismus, der marxistischen Kritik des Kaptitals oder anarchistischem Protest um des Protestes Willens — aufgeladen werden. Das Große Erwachen ist etwas Organischeres, Spontaneres und gleichzeitig Tektonisches. Auf diese Art wird die Menschheit plötzlich vom Bewusstsein von der Nähe ihres baldigen Endes erleuchtet.

Und aus diesem Grund ist das Große Erwachen so ernst. Aus diesem Grund kommt es aus dem Inneren der Vereinigten Staaten, der Zivilisation, in der die Dämmerung des Liberalismus am deutlichsten ausgeprägt ist. Es ist ein Schrei aus dem Zentrum der Hölle selbst, aus einer Zone, in der die schwarze Zukunft bereits teilweise angekommen ist.

Das Große Erwachen ist die spontane Antwort der menschlichen Massen auf den Great Reset. Natürlich kann man skeptisch sein. Die liberalen Eliten kontrollieren gerade in unserer Gegenwart alle wichtigen zivilisatorischen Prozesse. Sie kontrollieren die Weltfinanzen und können mit ihnen alles tun, von der unbegrenzten Vergabe von Geld bis hin zu jedweder Manipulation der finanziellen Instrumente und Strukturen. In ihren Händen befindet sich die gesamte US-Militärmaschinerie und die Verwaltung der NATO-Verbündeten. Biden verspricht Washingtons Einfluss in dieser Struktur zu verstärken, die in den vergangenen Jahren fast zerfallen ist.

Fast alle High-Tech-Giganten sind den Liberalen untergeordnet — Computer, iPhones, Server, Telefone und soziale Netzwerke werden von ein paar wenigen Monopolisten streng kontrolliert, die allesamt Mitglieder des Globalistenklubs sind. Das bedeutet, dass Big Data und damit die gesamte Sammlung von Information über buchstäblich die gesamte Weltbevölkerung einen Besitzer und Meister hat.

Technologie, wissenschaftliche Zentren, globale Bildung, Kultur, Medien, Medizin und soziale Dienste befinden sich alle in ihren Händen.

Die Liberalen in den Regierungen und Machtzirkeln sind die organischen Bestandteile dieser planetaren Netzwerke, die alle dieselben Hauptquartiere haben.

Die Nachrichtendienste der westlichen Länder und ihre Agenten in anderen Regimen arbeiten für die Globalisten, entweder weil sie rekrutiert oder bestochen worden sind, dazu gezwungen wurden zu kooperieren oder als Freiwillige.

Man fragt sich: Wie können in dieser Lage die Unterstützer des Großen Erwachens gegen den Globalismus rebellieren? Wie — ohne über irgendwelche Ressourcen zu verfügen — können sie effektiv die globale Elite bekämpfen? Welche Waffen sollen sie verwenden? Welche Strategie verfolgen? Und darüber hinaus, welcher Ideologie sollen sie folgen? Denn die Liberalen und Globalisten auf der Welt sind vereint und haben eine einheitliche und gemeinsame Idee, ein gemeinsames Ziel und eine gemeinsame Linie, während ihre Gegner zerstreut sind, nicht nur in verschiedene Gesellschaften, sondern auch innerhalb ein und derselben Gesellschaft sind sie gespalten.

Natürlich werden diese Widersprüche in den Reihen der Opposition von den herrschenden Eliten weiter verstärkt, welche daran gewöhnt sind, die Menschen zu spalten, um sie zu kontrollieren. Muslime werden gegen Christen in den Kampf geschickt, Linke gegen Rechte, Europäer gegen Russen oder Chinesen usw.

Aber das Große Erwachen passiert nicht wegen, sondern trotz alledem. Die Menschheit selbst, der Mensch als *eidos*, der Mensch als Gemeiner, der Mensch als kollektive Identität und in allen diesen Formen zugleich — organisch und künstlich, historisch und innovativ, östlich und westlich — rebelliert er gegen die Liberalen.

Das Große Erwachen ist nur der Anfang. Es hat noch nicht begonnen. Aber die Tatsache, dass dieser Name im eigentlichen Epizentrum der ideologischen und geschichtlichen Transformationen, in den

Vereinigten Staaten, aufgetaucht ist und sich gegen den Hintergrund von Trumps dramatischer Niederlage richtet, die verzweifelte Übernahme des Kapitols und die anwachsende Welle der liberalen Repression, da die Globalisten nicht länger die totalitäre Natur sowohl ihrer Theorie als auch ihrer Praxis verstecken, ist von großer (vielleicht entscheidender) Wichtigkeit.

Das Große Erwachen richtet sich gegen den Great Reset und stellt den Aufstand der Menschheit gegen die herrschenden liberalen Eliten dar. Mehr noch, es ist der Aufstand des Menschen gegen einen uralten Feind, den Feind der Menschheit selbst.

Wenn es jemanden gibt, der das Große Erwachen proklamiert, so naiv wie diese Formel auch klingen mag, bedeutet das bereits, dass nicht alles verloren ist, dass ein Körnchen des Widerstands in den Massen heranwächst und dass sie mit der Mobilisierung beginnen. Von diesem Moment an beginnt die Geschichte eines weltweiten Aufstands, eines Aufstands gegen den Great Reset und seine Anhänger.

Das Große Erwachen ist ein Geistesblitz an der Schwelle zur Singularität. Es ist die letzte Gelegenheit, eine andere Entscheidung über den Inhalt und die Richtung der Zukunft zu treffen. Die komplette Ersetzung des Menschen durch neue Entitäten, neue Gottheiten kann nicht einfach von einer Kraft von oben aufgezwungen werden. Die Eliten müssen die Menschheit verführen und von ihr eine — wenn auch vage — Zustimmung erhalten. Das Große Erwachen ruft zu einem entscheidenden »Nein!« auf.

Dabei handelt es sich nicht um ein Ende des Kriegs, noch um den Krieg selbst. Dieser hat vielmehr noch gar nicht begonnen. Aber es besteht die Möglichkeit eines solchen Anfangs. Eines neuen Anfangs in der Geschichte des Menschen.

Natürlich ist das Große Erwachen vollkommen unvorbereitet.

Wie wir gesehen haben, sind in den USA selbst die Gegner des Liberalismus, sowohl in Form von Trump als auch seiner Anhänger, dazu bereit, die letzte Stufe der liberalen Demokratie zurückzuweisen, aber sie denken nicht einmal im geringsten über eine ausformulierte Kritik des Kapitalismus nach. Sie verteidigen das Gestern und das Heute gegen ein sich drohend abzeichnendes Morgen. Ihnen mangelt es jedoch an einem ausgereiften ideologischen Horizont. Sie versuchen die vorherige Stufe derselben liberalen Demokratie, desselben Kapitalismus vor seinen späteren und entwickelteren Stufen zu retten. Und das birgt in sich selbst einen Widerspruch.

Die gegenwärtige Linke ist ebenfalls in ihrer Kritik des Kapitalismus eingeschränkt, weil sie ein materialistisches Verständnis der Geschichte teilt (Marx stimmte der Notwendigkeit eines weltweiten Kapitalismus zu, da er auf seine Überwindung durch das weltweite Proletariat hoffte) und weil die sozialistischen und kommunistischen Bewegungen erst vor kurzem von Liberalen übernommen und umorientiert wurden, weg von der Führung des Klassenkampfes gegen den Kapitalismus, hin zum Schutz der Migranten, sexuellen Minderheiten und dem Kampf gegen imaginäre »Faschisten«.

Die Rechte andererseits wird durch ihre Nationalstaaten und Kulturen beengt, wodurch sie nicht erkennt, dass sich die Völker der anderen Zivilisationen in derselben verzweifelten Situation wiederfinden. Die bürgerlichen Nationen, die bei Anbruch der Moderne erschienen, stellen ein Überbleibsel der bourgeoisen Zivilisation dar. Diese Zivilisation zerstört und beseitigt heute, was sie gestern selbst hervorgebracht hat und nutzt in der Zwischenzeit alle Begrenzungen der nationalen Identität, um die Menschheit in einem fragmentierten und sich gegenseitig bekämpfenden Zustand zu halten, wodurch sie davon abgebracht wird, die Globalisten zu bekämpfen.

Daher finden wir dort das Große Erwachen vor, aber es hat noch keine ideologische Basis. Wenn es wirklich ein geschichtliches Phänomen ist und kein kurzlebiges und rein peripheres, dann braucht es einfach eine Grundlage—eine, die über die existierenden politischen Ideologien hinausreicht, die während der Moderne im Westen selbst entstanden sind. Würden wir uns zu einer von ihnen hinwenden, würde das automatisch bedeuten, dass wir uns in der ideologischen Gefangenschaft der Kapitalbildung wiederfinden.

Wenn wir also nach einer Plattform für das Große Erwachen suchen, das in den USA ausgebrochen ist, dann müssen wir über die amerikanische Gesellschaft und die eher kurze amerikanische Geschichte hinausschauen und uns bei den anderen Zivilisationen, jenseits aller nicht-liberalen Ideologien europäischer Provenienz, nach Inspiration umschauen. Aber auch das ist nicht ausreichend, denn neben der Dekonstruktion des Liberalismus müssen wir bei den verschiedenen Zivilisationen der Menschheit nach Unterstützung suchen, weit außerhalb des erschöpften Westens, von dem die eigentliche Bedrohung ausgeht und wo — genauer gesagt in Davos in der Schweiz! — der Great Reset verkündet wurde.

Die Internationale der Nationen gegen die Internationale der Eliten

Der Great Reset strebt danach, die Welt wieder unipolar zu machen, um sie in Richtung einer globalistischen Apolarität zu bewegen, in der die Eliten komplett international werden und ihr Wohnsitz über den ganzen Globus verstreut sein wird. Das ist der Grund, warum der Globalismus zum Ende der USA als einem Land, einem Staat und einer Gesellschaft führen wird. Das ist es, was die Trumpisten und Unterstützer des Großen Erwachens manchmal intuitiv fühlen. Biden stellt eine Strafe dar, zu der die Vereinigten Staaten verurteilt wurden. Und von den USA aus alle anderen.

Demzufolge muss das Große Erwachen zur Errettung der Völker und Gesellschaften mit der Multipolarität beginnen. Dabei geht es nicht nur um die Rettung des Westens selbst, oder sogar um die Rettung aller anderen vom Westen, sondern um die Errettung der Menschheit, sowohl ihres westlichen als auch ihres nicht-westlichen Teils, von der totalitären Diktatur der liberal-kapitalistischen Eliten.

Und dies kann nicht durch die Völker des Westens oder des Ostens allein geschehen. Das Große Erwachen macht eine Internationalisierung des Kampfes der Völker gegen die Internationalisierung der Eliten notwendig.

Die Multipolarität wird zum wichtigsten Referenzpunkt und dem Schlüssel zur Strategie des Großen Erwachens. Nur indem wir diesen Aufruf an alle Nationen, Kulturen und Zivilisationen der Menschheit richten, sind wir dazu in der Lage, genug Kräfte zu sammeln um dem Great Reset und der Orientierung hin zur Singularität effektiv Widerstand leisten zu können.

Denn in diesem Fall scheint das Bild vom unausweichlichen Endkampf sich als viel weniger verzweifelt herauszustellen. Wenn wir einen Blick auf all jene werfen, die zu einem Pol des Großen Erwachens werden können, stellt sich die Lage in einem ganz anderen Licht dar. Die Internationale der Völker stellt sich weder als eine Utopie noch als eine Abstraktion dar, sobald wir über diese Kategorien nachzudenken beginnen. Vielmehr können wir mit Leichtigkeit das enorme Potenzial sehen und wie dieses im Kampf gegen den Great Reset genutzt werden kann.

Lassen Sie uns kurz die Reserven aufzählen, auf die sich das Große Erwachen im weltweiten Ausmaß verlassen kann.

Der US-Bürgerkrieg: Die Wahl unseres Lagers

In den USA haben wir mit dem Trumpismus einen Fuß in der Türe. Obwohl Trump selbst verloren hat, bedeutet dies nicht, dass er seine Hände in Unschuld gewaschen hat, einen gestohlenen Sieg eingestanden hat und das seine Unterstützer — 70.000.000 Amerikaner — aufgegeben und die liberale Diktatur als Tatsache anerkannt haben. Das haben sie nicht. Von nun an gibt es einen mächtigen anti-liberalen Untergrund in den USA höchstselbst, eine große Zahl (die Hälfte der Bevölkerung!) ist verbittert und in die Verachtung des liberalen Totalitarismus getrieben worden. Die Dystopie von Orwells 1984 wird nicht von einem kommunistischen oder faschistischen, sondern von einem liberalen Regime verkörpert. Aber sowohl die Erfahrung des sowjetischen Kommunismus als auch des deutschen Nationalsozialismus zeigen, dass Widerstand immer möglich ist.

Heute befinden sich die USA grundsätzlich in einem Zustand des Bürgerkriegs. Die liberalen Bolschewiken haben die Macht ergriffen, und ihre Gegner sind in die Opposition gezwungen worden oder befinden sich kurz davor, in die Illegalität zu gehen. Eine Opposition von 70.000.000 ist etwas Ernstes. Freilich sind sie zerstreut und befinden sich in Unordnung wegen der Strafaktionen und der neuen totalitären Technologie der Big-Tech-Unternehmen.

Es ist jedoch zu früh, das amerikanische Volk abzuschreiben. Offenkundig verfügt es noch über eine gewisse Stärke, und die Hälfte der US-Bevölkerung ist bereit dazu, ihre individuelle Freiheit um jeden Preis zu verteidigen. Und heute stellt sich die Frage genau so: Freiheit oder Biden.

Natürlich werden die Liberalen versuchen, den Zweiten Zusatzartikel zur Verfassung abzuschaffen und die Bevölkerung, die gegenüber der globalistischen Elite immer weniger loyal ist, zu entwaffnen. Es ist wahrscheinlich, dass die Demokraten versuchen werden, das Zwei-Parteien-System selbst zu töten und ein System einzuführen, das dem Wesen nach ein Ein-Parteien-System darstellt, ganz dem Geist des Zustandes ihrer gegenwärtigen Ideologie entsprechend. Das ist liberaler Bolschewismus.

Aber Bürgerkriege sind niemals im Vorhinein entschieden. Die Geschichte ist offen und der Sieg jeder Partei ist möglich. Gerade dann, wenn die Menschheit begreift, wie wichtig die amerikanische Opposition für den universalen Sieg über den Globalismus ist. Ganz gleich wie wir über die USA denken, über Trump und den Trumpismus, wir müssen einfach den amerikanischen Pol des Großen

Erwachens unterstützen. Amerika vor den Globalisten zu retten und wieder groß zu machen ist unsere gemeinsame Aufgabe.

Europäischer Populismus: Die Überwindung von Rechts und Links

Die Welle des anti-liberalen Populismus ist auch in Europa nicht am Abebben. Obwohl es dem Globalisten Macron mit Gewalt gelungen ist, den Protesten der Gelbwesten Einhalt zu gebieten und sowohl italienische als auch deutsche Liberale die rechtsgerichteten Parteien und ihre Führer isoliert und davon abgehalten haben, an die Macht zu kommen, sind diese Prozesse nicht aufzuhalten. Der Populismus stellt dasselbe Große Erwachen dar, nur auf europäischem Boden und mit europäischer Besonderheit.

Für diesen Widerstandspol ist eine neue ideologische Reflexion extrem wichtig. Die europäischen Gesellschaften sind ideologisch viel aktiver als die Amerikaner und daher spürt man die Traditionen rechter und linker Politik sowie deren innewohnende Widersprüche dort viel stärker.

Es sind genau diese Widersprüche, die die liberalen Eliten zu ihrem Vorteil nutzen, um ihre Position innerhalb der Europäischen Union aufrecht zu erhalten.

Es ist eine Tatsache, dass der Hass auf die Liberalen in Europa auf zwei Seiten gleichzeitig wächst: Die Linke betrachtet sie als Vertreter des Großkapitals, Ausbeuter, die jeglichen Anstand verloren haben, und die Rechte betrachtet sie als Lenker einer künstlichen Masseneinwanderung, Zerstörer der letzten Überreste traditioneller Werte und Totengräber der Mittelklasse. Gleichzeitig haben sowohl linke als auch rechte Populisten ihre traditionellen Ideologien hinter sich gelassen, die nicht länger die geschichtlichen Bedürfnisse befriedigen und drücken ihre Ansichten in neuen Formen aus, manchmal widersprüchlich und bruchstückhaft.

Die Zurückweisung der Ideologien des orthodoxen Kommunismus und Nationalismus ist generell positiv, da sie den Populisten eine neue, viel breitere Grundlage gibt. Aber sie stellt auch ihre Schwäche dar.

Jedoch ist das fatalste am europäischen Populismus nicht so sehr seine Entideologisierung, sondern das Fortbestehen einer tiefen, gegenseitigen Ablehnung zwischen links und rechts, die seit den vorhergehenden Epochen existiert.

Die Bildung eines europäischen Pols des Großen Erwachens muss die Lösung von zwei ideologischen Herausforderungen mit einschließen: die endgültige Überwindung der Grenzen zwischen links und rechts (und das bedeutet die obligatorische Ablehnung des ausgedachten »Anti-Faschismus« einiger und des ausgedachten »Anti-Kommunismus« einiger anderer) sowie die Erhebung des Populismus als solchen — einen integralen Populismus — zu einem unabhängigen ideologischen Modell. Seine Bedeutung und Botschaft muss eine radikale Kritik des Liberalismus und seines höchsten Stadiums, des Globalismus, enthalten und gleichzeitig mit der Forderung nach sozialer Gerechtigkeit und dem Erhalt der traditionellen kulturellen Identität verbunden werden.

In diesem Fall wird der europäische Populismus zuallererst dann eine kritische Masse erreichen, wenn die Links- wie Rechtspopulisten endlich aufhören, ihre Zeit damit zu verschwenden, miteinander Rechnungen zu begleichen und erst im zweiten Schritt ein sehr wichtiger, wenn nicht gar der wichtigste, Pol im Großen Erwachen werden.

China und seine kollektive Identität

Die Gegner des Great Resets haben ein weiteres gewichtiges Argument: das gegenwärtige China. Ja, China hat das Beste aus den Gelegenheiten gemacht, die ihm von der Globalisierung geboten wurden, um die Wirtschaft seiner Gesellschaft zu stärken. Aber China hat nicht den eigentlichen Geist des Globalismus akzeptiert, den

Liberalismus, Individualismus und Nominalismus der globalistischen Ideologie. China hat vom Westen nur das genommen, was es stärker macht, aber all das abgelehnt, was es schwächer machen würde. Das ist ein gefährliches Spiel, aber bis jetzt war China in ihm erfolgreich.

In der Tat ist China eine traditionelle Gesellschaft mit einer tausendjährigen Geschichte und einer stabilen Identität. Und es hat offenkundig die Absicht, das auch in der Zukunft zu sein. Das ist ganz besonders offensichtlich bei der Politik von Chinas aktuellem Führer Xi Jinping. Er ist bereit dazu, taktische Kompromisse mit dem Westen zu schließen, aber er ist unbedingt, wenn es darum geht, zu gewährleisten, dass Chinas Souveränität und Unabhängigkeit weiterhin nur wachsen und stärker werden.

Dass die Globalisten und Biden sich solidarisch mit China verhalten ist ein Mythos. Ja, Trump verließ sich darauf und Bannon hat das so gesagt, aber das ist das Ergebnis eines engen geopolitischen Horizonts und eines grundlegenden Missverständnisses des Wesens der chinesischen Zivilisation. China wird seinen Kurs beibehalten und die multipolaren Strukturen stärken. Tatsächlich ist China ein sehr wichtiger Pol des Großen Erwachens, ein Punkt, der insbesondere dann klar wird, wenn wir als Startpunkt die Notwendigkeit einer Internationalisierung der Völker hernehmen. China ist ein Volk mit einer entschieden kollektiven Identität. Es gibt überhaupt keinen chinesischen Individualismus und wenn es ihn doch gibt, dann handelt es sich dabei um eine kulturelle Anomalie. Die chinesische Zivilisation stellt den Triumph des Klans, des Volkes, der Ordnung und Struktur über jegliche Individualität dar.

Natürlich soll das Große Erwachen kein chinesischer Prozess werden. Es soll keinesfalls einheitlich werden, da jede Nation, jede Kultur, jede Zivilisation ihren eigenen Geist und ihren eigenen *eidos* besitzt. Die Menschheit ist vielfältig. Und ihre Einheit können wir genau dann am stärksten wahrnehmen, wenn sie mit einer ernsthaften Bedrohung konfrontiert wird, die über allen Menschen wie ein Damoklesschwert schwebt. Und genau das ist der Great Reset.

Der Islam gegen die Globalisierung

Ein weiteres Argument des Großen Erwachens liegt in den Völkern der islamischen Zivilisation. Es ist offensichtlich, dass der liberale Globalismus und die westliche Hegemonie von der islamischen Kultur und der islamischen Religion an sich, auf der diese Kultur fußt, radikal zurückgewiesen werden. Natürlich fanden sich einige islamische Länder während der Kolonialzeit unter der Macht und dem wirtschaftlichen Einfluss des Westens wieder, aber in buchstäblich allen muslimischen Ländern finden wir eine nachhaltige und grundlegende Ablehnung des Liberalismus, und insbesondere des modernen globalistischen Liberalismus, vor.

Dies drückt sich sowohl in extremen Formen — islamischem Fundamentalismus — als auch in moderaten Formen aus. In einigen Fällen werden individuelle religiöse oder politische Bewegungen zu Trägern einer anti-liberalen Initiative, während in anderen Fällen der Staat selbst diese Mission trägt. Die muslimischen Gesellschaften sind in jedem Fall ideologisch auf eine aktive und systematische Gegnerschaft zur liberalen Globalisierung vorbereitet. Die Pläne des Great Resets enthalten nichts, nicht einmal auf einer theoretischen Ebene, das Muslime ansprechen könnte. Aus diesem Grund stellt die gesamte islamische Welt einen einzigen großen Pol des Großen Erwachens dar.

Unter den islamischen Staaten stehen der schiitische Iran und die sunnitische Türkei am stärksten in Opposition zur globalistischen Strategie. Darüber hinaus liegt die eigentliche Motivation des Irans in der religiösen Idee von der Ankunft des Endes der Welt und der letzten Schlacht, in der der Hauptfeind — der Daddschal — klar mit dem Westen identifiziert wird, dem Liberalismus und dem Globalismus. Die Türkei hingegen wird mehr von pragmatischen Betrachtungen getrieben, durch das Verlangen nach der Stärkung und Erhaltung seiner nationalen Souveränität und der Sicherstellung des türkischen Einflusses im Nahen Osten und im östlichen Mittelmeer.

Erdogans Politik des schrittweisen Abgehens von der NATO verbindet die nationale Tradition Kemal Atatürks mit dem Wunsch danach, die Rolle des Führers der sunnitischen Muslime zu spielen, wobei beides nur in Gegnerschaft zur liberalen Globalisierung zu erreichen ist, welche die vollständige Säkularisierung der Gesellschaften zum Ziel hat. Die Schwächung (und in weiterer Folge Abschaffung) der Nationalstaaten, die in der Zwischenzeit die Gewährung politischer Autonomie gegenüber ethnischen Gruppen nach sich zieht, wäre ein fataler Schritt für die Türkei aufgrund des großen und sehr aktiven kurdischen Faktors.

Das sunnitische Pakistan, welches eine weitere Form der Verbindung nationaler mit islamischer Politik darstellt, entfernt sich Stück für Stück immer weiter weg von den Vereinigten Staaten und dem Westen.

Obwohl die Golfstaaten stärker vom Westen abhängig sind, offenbart ein genauerer Blick auf den arabischen Islam und mehr noch auf Ägypten, welches ein weiterer wichtiger Staat in der islamischen Welt ist, soziale Systeme, die nichts mit der globalistischen Agenda zu tun haben und natürlicherweise dazu tendieren, sich auf die Seite des Großen Erwachens zu stellen.

Dies wird nur durch die Widersprüche zwischen den Muslimen selbst behindert, die vom Westen und den globalistischen Kontrollzentren geschickt verstärkt werden, nicht nur zwischen Schiiten und Sunniten, sondern auch Regionalkonflikte zwischen den einzelnen sunnitischen Staaten selbst.

Der Zusammenhang des Großen Erwachens könnte eine ideologische Plattform für die Vereinigung der gesamten islamischen Welt werden, da der Widerstand gegen den Great Reset ein unbedingter Imperativ für beinahe jedes islamische Land ist. Dadurch wird es möglich, die Strategie der Globalisten und die Opposition zum gemeinsamen Nenner zu machen. Das Bewusstsein für das Ausmaß des Großen Erwachens würde in einem gewissen Rahmen das Streichen der Dringlichkeit gewisser lokaler Widersprüche erlauben, um zur Bildung eines weiteren Pols des globalen Widerstandes beizutragen.

Russlands Sendung: An der Spitze des Großen Erwachens stehen

Schlussendlich ist die Rolle des wichtigsten Pols des Großen Erwachens für Russland vorgesehen. Der Tatsache zum Trotz, dass Russland teilweise in die westliche Zivilisation durch die aufgeklärte Kultur während der zaristischen Periode, unter den Bolschewiken und insbesondere nach 1991 involviert war, ist die tiefe Identität der russischen Gesellschaft in jeder Phase — sowohl im Altertum als auch in der Gegenwart — zutiefst misstrauisch gegenüber dem Westen, insbesondere gegenüber dem Liberalismus und der Globalisierung. Der Nominalismus ist in seinen eigentlichen Grundlagen dem russischen Volk zutiefst fremd.

Die russische Identität hat immer das Gemeinsame an erste Stelle gestellt — den Klan, das Volk, die Kirche, die Tradition, die Nation und die Macht, und sogar der Kommunismus stellte, wenn auch künstlich in Klassenbegriffen, eine kollektive Identität dar, die sich dem bürgerlichen Individualismus entgegenstellte. Die Russen haben ihn stur zurückgewiesen und weisen den Nominalismus in all seinen Formen weiterhin zurück. Und das war eine gemeinsame Grundlage sowohl für die monarchistische als auch für die sowjetische Periode.

Nach dem gescheiterten Versuch, sich in die globale Gemeinschaft der 1990er Jahre einzugliedern, dank des Scheiterns der liberalen Reformen, wurde die russische Gesellschaft davon überzeugt, dass globalistische und individualistische Einstellungen in großem Ausmaß den Russen fremd sind. Dadurch wird die allgemeine Unterstützung für Putins konservativen und souveränen Kurs bestimmt. Die Russen lehnen den Great Reset sowohl von rechts als auch von links ab — und das ist, gemeinsam mit ihren historischen Traditionen, der kollektiven

Identität und der Wahrnehmung der Souveränität und der staatlichen Freiheit als Höchstwert keine Momentaufnahme, sondern eine überzeitliche, grundlegende Eigenschaft der russischen Zivilisation.

Die Zurückweisung des Liberalismus und der Globalisierung sind in den vergangenen Jahren besonders akut geworden, da der Liberalismus sich selbst als ausgesprochen zurückweisend gegenüber den Eigenschaften des russischen Bewusstseins erwiesen hat. Das rechtfertigt eine gewisse Sympathie der Russen für Trump und parallel dazu eine tiefe Verachtung für seine liberalen Gegenspieler.

Von Seiten Bidens ist die Haltung zu Russland ziemlich symmetrisch. Er und die globalistischen Eliten im Allgemeinen sehen Russland als den zivilisatorischen Hauptfeind, der sich stur weigert, den Vektor des liberalen Progressivismus zu akzeptieren und seine politische Souveränität und Identität unbedingt verteidigt.

Natürlich hat auch das heutige Russland keine vollständige und kohärente Ideologie, die eine ernsthafte Herausforderung des Great Resets darstellen würde. Darüber hinaus sind die liberalen Eliten, die sich an der Spitze der Gesellschaft verschanzt haben, noch immer stark und einflussreich in Russland. Liberale Ideen, Theorien und Methoden dominieren noch immer die Wirtschaft, Bildung, Kultur und Wissenschaft. All das schwächt Russlands Potenzial, verwirrt die Gesellschaft und bereitet den Boden für wachsende interne Widersprüche. Aber insgesamt ist Russland der wichtigste — wenn nicht sogar der bedeutendste — Pol des Großen Erwachens.

Das ist genau der Punkt, an den die gesamte russische Geschichte geführt hat und drückt die innere Überzeugung aus, dass die Russen etwas Großem und Entscheidendem in der dramatischen Situation der Endzeit gegenübertreten, dem Ende der Geschichte. Aber es ist genau das Ende in seiner schlimmstmöglichen Fassung, welches das Projekt des Great Resets impliziert. Der Sieg des Globalismus, des Nominalismus und der kommenden Singularität würde das Scheitern der historischen Mission Russlands bedeuten, nicht nur in der Zukunft, sondern auch in der Vergangenheit. Immerhin war die

Bedeutung der russischen Geschichte immer genau auf die Zukunft ausgerichtet und die Vergangenheit war nur der Probelauf für sie.

Und in dieser Zukunft, die nun heraufdämmert, liegt die Rolle Russlands nicht nur darin, eine aktive Rolle im Großen Erwachen einzunehmen, sondern auch darin, an seiner Spitze zu stehen und den Imperativ der Internationale der Völker im Kampf gegen den Liberalismus zu erklären, der Seuche des 21. Jahrhunderts.

Russlands Erwachen:
Eine imperiale Wiedergeburt

Was bedeutet es für Russland, unter solchen Umständen zu »erwachen«? Es bedeutet, Russlands historische, geopolitische und zivilisatorische Ausmaße zur Gänze wiederherzustellen und ein Pol der neuen multipolaren Welt zu werden.

Russland war niemals »nur ein Land«, und noch viel weniger »nur eines unter den europäischen Ländern.« Trotz all der Einheit unserer Wurzeln mit Europa, welche zur griechisch-römischen Kultur zurückreichen, hat Russland in allen Phasen seiner Geschichte einen Sonderweg eingeschlagen. Das hatte auch einen Einfluss auf unsere feste und unerschütterliche Entscheidung für die Orthodoxie und den Byzantinismus im Allgemeinen, welche größtenteils unsere Entfremdung von Westeuropa, das den Katholizismus und später den Protestantismus wählte, bedingte. In der Moderne spiegelte sich dieser Faktor des tiefen Misstrauens gegenüber dem Westen in der Tatsache wider, dass wir nicht so stark vom eigentlichen Geist der Moderne im Nominalismus, Individualismus und Liberalismus beeinflusst wurden. Und sogar wenn wir uns einige Doktrinen und Ideologien vom Westen geliehen haben, dann waren diese oft kritisch, also enthielten sie selbst die Ablehnung der liberal-kapitalistischen Entwicklungslogik der westlich-europäischen Zivilisation, die uns so nahe stand.

Russlands Identität wurde auch in einem großen Ausmaß vom östlich-turanischen Vektor geprägt. Wie die eurasischen Philosophen, den großen russischen Historiker Lew Gumiljow eingeschlossen, gezeigt haben, war die mongolische Staatlichkeit Dschingis Khans eine wichtige Lehre für Russland hinsichtlich der zentralisierten Organisation imperialen Typs, der größtenteils unserem Aufstieg als Großmacht seit dem 15. Jahrhundert vorausging, als die Goldene Horde zusammenbrach und sich das moskowitische Russland seinen Platz im Raum Nordost-Eurasiens nahm. Diese Kontinuität mit der Geopolitik der Horde führte natürlich zur Expansion in den folgenden Epochen. Bei jeder Gelegenheit hat Russland nicht nur seine Interessen verteidigt und durchgesetzt, sondern auch seine Werte.

Folglich hat sich Russland als der Erbe zweier Reiche herausgestellt, die etwa gleichzeitig zusammengebrochen sind, nämlich im 15. Jahrhundert: den Reichen der Byzantiner und Mongolen. Das Reich wurde zu unserem Schicksal. Auch im 20. Jahrhundert mit dem ganzen Radikalismus der bolschewistischen Reformen blieb Russland allen Widerständen zum Trotz ein Reich, dieses Mal in Gestalt des Sowjetreichs.

Das bedeutet, dass unser Wiederaufleben ohne die Rückkehr zur imperialen Mission, die unserem historischen Schicksal zu Grunde liegt, unverständlich ist.

Diese Mission steht dem globalistischen Projekt des Great Resets diametral entgegen. Und es ist nur natürlich zu erwarten, dass die Globalisten in ihrem entscheidenden Angriff alles tun werden, um eine imperiale Wiedergeburt in Russland zu verhindern. Dementsprechend brauchen wir genau das: eine imperiale Wiedergeburt. Nicht etwa um unsere russische und orthodoxe Wahrheit anderen Völkern, Kulturen und Zivilisationen aufzuzwingen, sondern um unsere Identität wiederzubeleben, zu festigen und zu verteidigen und anderen dabei zu helfen, wiederum ihre Renaissance zu bewerkstelligen, sie zu festigen und zu verteidigen so gut wie wir können. Russland ist zwar nicht das einzige Ziel des Great Resets, jedoch ist unser Land in vielerlei

Hinsicht das Haupthindernis bei der Umsetzung ihrer Pläne. Aber das ist unsere Mission —»Katehon« zu sein, »derjenige der aufhält«, um die Ankunft des letzten Bösen auf der Welt zu verhindern. Jedoch sind in den Augen der Globalisten auch die anderen traditionellen Zivilisationen, Kulturen und Gesellschaften dazu verurteilt, zerschlagen, neu formatiert und transformiert zu werden, in eine undifferenzierte, globale, kosmopolitische Masse und in der nahen Zukunft durch neue—posthumane—Formen des Lebens, Organismen, Mechanismen und ihre Hybriden ersetzt zu werden. Daher ist das imperiale Erwachen Russlands ein Signal für einen universalen Aufstand der Völker und Kulturen gegen die liberal-globalistischen Eliten. Durch die Wiedergeburt als ein Reich, als ein orthodoxes Reich, wird Russland ein Beispiel für andere Reiche sein — das chinesische, türkische, persische, arabische, indische und auch das lateinamerikanische, amerikanische, afrikanische… und das europäische Reich. Anstatt der Dominanz eines einzigen globalistischen »Reiches« des Great Resets muss das Russische Erwachen der Anfang einer Ära der vielen Reiche werden, welche den Reichtum der menschlichen Kulturen, Traditionen, Religionen und Wertesysteme widerspiegelt.

Auf dem Weg zum Sieg des Großen Erwachens

Wenn wir den US-Trumpismus, den europäischen Populismus (sowohl von links als auch von rechts), China, die islamische Welt und Russland miteinander kombinieren und voraussehen, dass an einem Punkt in der Zukunft die große indische Zivilisation, Lateinamerika und Afrika, welches in eine weitere Phase der Entkolonialisierung eintritt, und alle anderen Völker und Kulturen der Menschheit im Allgemeinen diesem Lager beitreten mögen, haben wir es nicht mehr mit einem verstreuten Haufen verwirrter Außenseiter zu tun, die versuchen, den liberalen Eliten, welche die Menschheit zum letzten

Gefecht führen, Einhalt zu gebieten, sondern eine komplett ausgebildete Front, die Akteure verschiedener Größe mit einschließt,
von Großmächten mit weltumspannenden Wirtschaftssystemen und
Atomwaffen bis hin zu einfluss- und zahlreichen politischen, religiösen und sozialen Kräften und Bewegungen.

Die Macht der Globalisten besteht zuletzt aus Unterstellungen
und »schwarzen Wundern«. Sie herrschen nicht auf der Grundlage
von wahrer Macht, sondern aufgrund von Illusionen, Simulakren und
künstlichen Bildern, welche sie wie besessen versuchen, in die Geister
der Menschheit einzuflößen.

Letztendlich wurde der Great Reset von einer Handvoll de-
generierter und schwer atmender alter globalistischer Männer am
Rande der Demenz (wie etwa Biden selbst, der verschrumpelte
Schurke Soros oder der fette Bürger Schwab) und einem margina-
lisierten, pervertierten Haufen ausgewählt, um die blitzschnellen
Karrieremöglichkeiten für alle Überflüssigen aufzuzeigen. Natürlich
kontrollieren sie die Börsen und die Druckerpressen, die Wall-Street-
Gauner und die Erfinderjunkies aus dem Silicon Valley, die für sie
arbeiten. Disziplinierte Geheimdienstmänner und Armeegeneräle
sind ihnen untergeordnet. Aber all das ist unbedeutend im Vergleich
zur gesamten Menschheit, zu den Arbeitern und Denkern, den Tiefen
der religiösen Institutionen und des grundlegenden Reichtums der
Kulturen.

Das Große Erwachen bedeutet, dass wir das Wesen dieser fatalen,
sowohl mörderischen als auch selbstmörderischen, Strategie des
»Fortschritts« verstanden haben, so wie sie die globalen liberalen
Eliten verstehen. Und wenn wir sie verstehen, dann sind wir dazu in
der Lage, sie jedem anderen auch zu erklären. Die Erwachten können
und müssen alle anderen aufwecken. Und wenn wir damit erfolgreich
sind, wird nicht nur der Great Reset scheitern, sondern auch ein ge-
rechtes Urteil über jene gefällt werden, die es sich zum Ziel gesetzt
haben, die Menschheit zu zerstören — zuerst ihren Geist und nun
ihren Körper.

ANHANG

Das Große Erwachen:
Die Zukunft beginnt jetzt

Januar 2021

IN DER GESCHICHTE hatten und haben wir viele gegensätzliche Themen und Konflikte mit den USA auf geopolitischer Ebene. Wir kämpfen bei vielen Gelegenheiten auf verschiedenen Seiten der Konflikte. Aber was jetzt in den USA vor sich geht, ist eine andere Frage. Das ist eine Frage der Prinzipien. Die Hälfte der USA wird von der anderen Hälfte totalitär regiert. Es ist eine links-liberale Diktatur entstanden. Und in einer solchen Situation sind wir verpflichtet, unsere volle Solidarität mit der unterdrückten Hälfte zu bekunden.

Diesmal gab es keine Wahlen, sondern einen Staatsstreich, der von einer Verschwörung der illegitimen Eliten durchgeführt wurde. Die amerikanische Präsidentschaft wurde gekapert. Jetzt sind die USA unter der Kontrolle einer extremistischen Junta. Willkommen auf dem Maidan oder in der Dritten Welt.

Aber es ist das erste Mal, dass die Globalisten das gleiche Szenario einer farbigen Revolution, einschließlich gestohlener Wahlen, Betrug und Desinformationskampagnen, im eigenen Land anwenden. Ihr Gesicht ist nun vollständig enthüllt und klar zu erkennen. Vorher haben sie solche Taktiken durch »amerikanische nationale Interessen« gebilligt. Jetzt sind die Amerikaner selbst die Opfer. Das ist eine logische Schlussfolgerung. Wenn man anfängt, Lügen und Gewalt zu benutzen, kommt eine Zeit, in der man sie nicht mehr benutzen kann — an einem bestimmten Punkt werden die Lügen einen selbst benutzen.

Der Hauptkampf ist jetzt eindeutig international. Globalisten gegen Antiglobalisten ist heute viel wichtiger als Russen gegen Amerikaner, oder der Westen gegen den Osten, oder Christen gegen Muslime.

Unser Name ist also Ashli Babbitt. Ja, sie hat an den imperialistischen Kriegen der USA teilgenommen. Aber ihr Opfer am 6. Januar 2021 ist mehr als ein letzter Dienst am amerikanischen Staat und am amerikanischen Volk. Sie gab ihr Leben für echte Freiheit und echte Gerechtigkeit. Und Freiheit und Gerechtigkeit sind universelle Werte. Sowohl russische als auch amerikanische, muslimische als auch christliche, westliche als auch östliche.

Unser Kampf richtet sich nicht mehr gegen Amerika. Das Amerika, das wir kannten, gibt es nicht mehr. Die Spaltung der amerikanischen Gesellschaft ist nicht mehr rückgängig zu machen. Wir befinden uns überall in der gleichen Situation — innerhalb und außerhalb der USA. Es ist also derselbe Kampf auf globaler Ebene.

Wir sollten unsere Einstellung zur Technologie überdenken. Microsoft, Google, Twitter, Apple, YouTube, Facebook und so weiter sind nicht nur kommerzielle — vermeintlich »neutrale« — Werkzeuge. Sie sind ideologische Waffen und Maschinen der Überwachung und Zensur. Wir müssen sie zerstören. Wir müssen den großen Ausstieg aus der von globalistischen Verrückten kontrollierten Technosphäre vollziehen. Die Frage ist, ob wir die Technologie generell demontieren (die Öko-Lösung, die wir nicht vernachlässigen oder vorschnell ablehnen sollten) oder unabhängige Netze entwickeln, die frei von der Kontrolle ideologisch gefärbter Fesseln sind. Wir können uns inzwischen in beide Richtungen gleichzeitig bewegen. Dasselbe gilt für die

Medien. Sie erweisen sich nun wirklich als die Botschaft. Und es ist eine einseitige Botschaft.

Ich stimme nicht mit vielen Beobachtern überein, die den Angriff auf das Kapitol als Provokation und fünfte Kolonne betrachten. Nein. Das war eine symmetrische Reaktion der anderen Hälfte Amerikas, die durch eine gestohlene Wahl und den schamlosen Betrug der Demokraten völlig gedemütigt wurde. Die Trumpisten haben gezeigt, dass es kein linksliberales Privileg gibt, mimetische Kriege zu organisieren und Gewalt für politische Zwecke einzusetzen. Wenn man anfängt, Gewalt anzuwenden, sollte man dasselbe im Gegenzug erwarten. Antifa und BLM haben die Krawalle ausgelöst. Der Kapitolshügel war die logische Antwort. Wir sind stark genug, um den Kongress, der von Scharlatanen und schmutzigen Trickbetrügern besetzt ist, mit den gefälschten Stimmen von Toten und Stimmzetteln, die niemand je abgeschickt hat, mit Gewalt zu erobern.

Jetzt erhält unser Kampf wirklich globale Dimensionen: Wir befinden uns im Krieg mit den Demokraten — mit nur der Hälfte der USA — nicht mit den USA als solchen. Diese Tatsache ändert alles. Das Kernland steht über allem. Das amerikanische Kernland ebenso wie das eurasische. Die Geopolitik der Wahl 2020 zeigt uns die Grenzen zweier Amerikas — ein blaues, atlantisches, ultraliberales und globalistisches Küstenland und ein rot gefärbtes, konservatives, traditionalistisches Heartland. Die blaue Perversion gegen die rote Normalität.

Der eigentliche Kampf beginnt erst jetzt. Die Angst, die die Demokraten während der friedlichen Proteste auf dem Kapitolshügel spürten, wird ihnen allen eine Mahnung sein. Zu sehen, wie das einfache amerikanische Volk — die enteignete Mehrheit, schweigend und »bedauernswert« — zum Kongress kommt — das war der Moment der Wahrheit. Und die Abgeordneten versteckten sich unter den Bänken... Die wahren »Bedauernswerten« sind diese Feiglinge. Sie haben in diesem wunderbaren Moment begriffen, dass sie nirgendwo mehr sicher sind. Willkommen in unserer Haut. Von nun an werden die Demokraten weltweit angegriffen werden. Sie sollten wissen: Wir beobachten sie genau so wie sie uns; wir werden sie genau so verfolgen wie sie uns; wir werden Informationen sammeln und Dossiers über alle Demokraten, Globalisten und ihre Marionetten erstellen, genau wie sie es über uns tun. Von nun an wird jede Verbindung mit den Demokraten und ihren Stellvertretern als Kollaboration und Beteiligung an Verbrechen gegen die Menschlichkeit betrachtet. Sie haben Tausende und Hunderttausende außerhalb der USA getötet. Es basierte immer auf Hybris. Also begannen sie, selbst Amerikaner zu töten. Ashli Babbitt ist nur der Anfang. Diesmal planen sie einen echten Völkermord innerhalb der USA. Und er hat bereits begonnen.

Es gibt nur zwei Parteien auf der Welt: die globalistische Partei des Great Resets und die antiglobalistische Partei des Großen Erwachens. Und nichts in der Mitte. Dazwischen befindet sich der Abgrund. Er will mit Meeren von Blut gefüllt werden. Das Blut von Ashli Babbitt ist der erste Tropfen.

Der Kampf wird universell. Die Demokratische Partei der USA und ihre globalistischen Stellvertreter — einschließlich aller High-Tech-Industrien und der Großfinanz — sind ab sofort eine klare Verkörperung des absolut Bösen.

Das große Böse hat sich auf amerikanischem Boden eingenistet. Vom Zentrum der Hölle aus beginnt nun die letzte Revolte, das Große Erwachen.

Letzte Bemerkung: Der Trumpismus ist viel wichtiger als Trump selbst. Trump hat die Ehre, den Prozess eingeleitet zu haben. Jetzt müssen wir weiter gehen.

Theoretische Grundlagen des Großen Erwachens (basierend auf der Vierten Politischen Theorie)

18. Januar 2021

EINUNDZWANZIG PUNKTE

1. Der Liberalismus ist im Verfall begriffen

- Nun können wir leicht feststellen, dass die globale Weltordnung im Zerfall begriffen ist. Der Globalismus bricht zusammen. Wir sehen zum Beispiel eine echte Agonie in den Vereinigten Staaten. Die Bedrohung durch Präsident Trump — der in Bezug auf die globale liberale Agenda viel gemäßigter ist — wird von den Globalisten als etwas Fatales, etwas Existenzielles empfunden. Die Globalisten versuchen, die Vereinigten Staaten zu zerstören, um ihren Kandidaten zu fördern, um ihre Agenda um jeden Preis zu retten.

- Trump hat die Abschaffung der Kultur als eine neue Art von postmodernem Totalitarismus bezeichnet. Die *New York Times* hat zum Beispiel die Notwendigkeit erklärt, Aristoteles abzuschaffen (https://www.nytimes.com/2020/07/21/opinion/should-we-cancel-aristotle.html). Wir haben es hier mit dem klaren totalitären Gesicht der liberalen Ideologie zu tun. Es handelt sich um eine liberale Diktatur, denn sie verlangt, die Geschichte zu löschen — Platon, Aristoteles, das Mittelalter, moderne Autoren, moderne Philosophien … alles, was nicht mit den immer enger werdenden Kriterien des radikalen und völlig intoleranten Liberalismus übereinstimmt.

- Dies sind klare Anzeichen für Totalitarismus. Die Nazis (Nationalsozialisten) forderten die Vernichtung der Juden. Der sowjetische Totalitarismus (sozialistischer Totalitarismus) verlangte die Vernichtung von Dissidenten. Jetzt verlangt die liberale Ideologie, alles zu vernichten — oder fast alles, außer Black Lives Matter, Soros' LGBT+ und einige ausgewählte Gruppen von Minderheiten, um den Preis, dass alle anderen verboten werden. Das ist also eine Qual.

2. Der Liberalismus und seine Alternativen

- Was ist Qual? Liberalismus ist Qual.

- Erste politische Theorie: Der Liberalismus

- Zweite Politische Theorie: Kommunismus

- Dritte Politische Theorie: Faschismus oder Nationalsozialismus

- Der Liberalismus hat sich im zwanzigsten Jahrhundert gegen seine Konkurrenten (Kommunismus und Faschismus) durchgesetzt.

- Diese drei Theorien repräsentieren die politische Moderne — die westliche politische Moderne.

- Die Agonie des Liberalismus beinhaltet das nahende Ende der westlichen politischen Moderne, weil weder Kommunismus noch Faschismus als echte Alternativen zum Liberalismus angesehen werden können.

- Kommunismus und Faschismus haben eine gemeinsame Basis mit dem Liberalismus: Materialismus — Atheismus — Progressivismus — eine rein materialistische Betrachtungsweise des Menschen.

- Wir werden die Chance der wachsenden Krise verpassen — angeheizt durch die Unfähigkeit der globalistischen Strukturen, mit dem Coronavirus umzugehen (ein weiteres Zeichen für den Zusammenbruch des Liberalismus) —, wenn wir uns dafür entscheiden, ihr den Kommunismus und den Faschismus entgegenzusetzen, denn sie sind Alternativen der Vergangenheit. Und sie gehören zur gleichen Familie der westlichen modernen Ideologien.

- Die Vierte Politische Theorie ist also eine Aufforderung, dieses Fenster der historischen Gelegenheit (repräsentiert durch die Agonie des Liberalismus als Erste Politische Theorie) zu nutzen, um das zu überwinden, was allen Formen der politischen Moderne gemeinsam ist — das philosophische, metaphysische, politische und ideologische Feld der politischen Moderne zu überwinden.

3. Die Vierte Politische Theorie gegen die westliche Moderne

- Die Vierte Politische Theorie ist eine Einladung zur Suche nach einer Alternative zu dem im Zerfall begriffenen Liberalismus, der seit Fukuyamas *The End of History and the Last Man* (1992) bis heute die wichtigste und einzige politische Ideologie sein sollte.

- Nach dem Ende des Kommunismus und des Faschismus im zwanzigsten Jahrhundert wurde der Liberalismus zur einzigen politischen Ideologie, die eine Art universelle Sprache sein sollte — etwas völlig Aufgezwungenes, mit dem freien Markt, der liberalen Demokratie, dem Parlamentarismus, dem Individualismus, der Technologie, der Ikonenkultur und der LGBT+-Ethik. All das wurde als universell angesehen. Und jetzt geht diese Universalität zu Ende.

- Die Vierte Politische Theorie ist eine Einladung, die Erste Politische Theorie zu kritisieren und zu bekämpfen, aber weder von der sozialistischen oder kommunistischen Position aus, noch von der nationalistisch-faschistischen oder nationalsozialistischen Position aus — denn beide gehören der Vergangenheit an. Sie ist eine Aufforderung, die westliche politische Moderne zu überwinden, indem wir den Liberalismus bekämpfen, denn er existiert noch.

4. Warum ist der Liberalismus das absolute Übel?

- Wir wählen den Liberalismus gerade deshalb als Repräsentant und Symbol des absolut Bösen, weil es ihn immer noch gibt und die Liberalen immer noch beabsichtigen, die Welt unter der Herrschaft der liberalen, transnationalen Elite zu organisieren.

- Der Liberalismus ist nicht nur aus theoretischer Sicht schlimmer als Kommunismus und Faschismus. Er ist schlimmer, weil er immer noch existiert. Kommunismus und Faschismus gehören der Vergangenheit an — sie sind Schimären, sie sind nur Überbleibsel, Rückstände der politischen Geschichte.

- Wir müssen also zuallererst den Liberalismus bekämpfen. Wir müssen diesen dauerhaften Verfall beenden, wir müssen den Liberalismus überwinden, wir müssen mit dem Liberalismus Schluss machen — mit der offenen Gesellschaft, mit den Menschenrechten, mit all den Produkten dieses liberalen Systems im Stile von Soros, das auf Individualismus, Materialismus, Progressivismus, auf der totalen Entfremdung der Menschen und der Auslöschung der sozialen Bindungen beruht.

- Individualismus ist das letzte Wort des Liberalismus. Wir müssen also mit dem Konzept des Individualismus abschließen.

5. Kommunismus und Faschismus sind die Fallen

- Wir sollten auf die vergangenen Alternativen zurückgreifen. Wir sollten nicht in die Falle des Kommunismus oder Faschismus tappen. Wir müssen uns etwas radikal anderes vorstellen — nicht nur anders als der Liberalismus, sondern auch anders als die westliche politische Moderne insgesamt. Das ist die Vierte Politische Theorie — darum geht es.

- Unser Hauptfeind ist heute der Liberalismus, die offene Gesellschaft, die von Soros finanzierten Gruppen liberaler Terroristen — die man als Linke oder Linksfaschisten bezeichnen könnte. Und andere: Die Liberalen versuchen, religiöse und ethnische Gruppen zu benutzen. Im Kampf gegen den Islam als heilige religiöse Tradition benutzen Globalisten zum Beispiel einige Muslime, um die europäische Identität zu zerstören. Im Kampf gegen alle Arten von nationaler Identität benutzen sie einige ethnische Identitäten (z. B. Uiguren, Ukrainer), um die alternativen Pole zu destabilisieren, die nicht zu ihrer Vision einer unipolaren, liberalen Welt passen. In diesem Sinne sind sie zynisch; sie sind Heuchler — sie können etwas benutzen, das sie kritisieren, wenn sie es brauchen. Sie haben eine Doppelmoral.

- Aber die Hauptidee des Kampfes gegen den Liberalismus ist der Kampf gegen die gesamte westliche politische Moderne. Das ist der Feind. Die Vierte Politische Theorie fordert alle zum Kampf auf.

6. Der Name des Feindes ist westliche Moderne

- Der Name des Feindes ist absolut wichtig. Wenn wir den Feind als die modernen westlichen politischen Ideologien oder die westliche politische Moderne benennen, sind wir bereits auf dem richtigen Weg.

- Wir fordern die Menschen nicht auf, gegen den Westen zu kämpfen. Ganz und gar nicht. Der Westen ist kein Feind.

- Wir fordern die Menschen nicht auf, gegen die Moderne als solche zu kämpfen — zum Beispiel gegen den gegenwärtigen Stand der Dinge in einigen Gesellschaften. Denn wir haben verschiedene Gesellschaften, verschiedene Zivilisationen, die in der modernen Welt existieren und nicht zur westlichen Moderne gehören. Wir können tatsächlich in der modernen Welt außerhalb der westlichen politischen Moderne leben.

- Wir fordern also weder den Westen noch die Moderne heraus: Wir fordern die westliche Moderne heraus. Und das ist eine Form, die auf der antichristlichen, antispirituellen, antitraditionellen und antisakralen Wende in der westlichen Geschichte beruht, die — nicht zufällig — mit dem Kolonialismus, dem Beginn der Aufklärung und so weiter zusammenfiel. Diese moderne Ära der wissenschaftlichen, materialistischen, kolonialistischen Periode der westlichen Geschichte ist das Böse; das ist das Problem.

7. Gegen Kapitalismus, Sklaverei und Aufklärung

- Wir haben unseren Hauptfeind als die westliche politische Moderne oder die westliche Moderne im Allgemeinen identifiziert — im philosophischen, wissenschaftlichen, geopolitischen und wirtschaftlichen Sinne. Sie fällt mit dem Kapitalismus zusammen, denn der Kapitalismus, der Materialismus, der Atheismus und der Kolonialismus haben die Sklaverei wieder eingeführt, nachdem es in der christlichen Kultur des Westens jahrhundertelang keine Sklaverei gegeben hatte. Die Sklaverei wurde von der westlichen politischen Moderne wieder eingeführt.

- Manchmal scheint es, dass die Sklaverei in der Kolonialzeit in Amerika und Afrika ein Phänomen war, das an die alte Tradition des vormodernen Westens anknüpfte. Das ist nicht der Fall. Sie war eine völlig neue Institution — eine moderne Institution. Die moderne Sklaverei ist der Weg der sogenannten »demokratisch-liberalen« Moderne. Die Menschen, die den Kolonialismus bekämpfen, sollten das sehr gut verstehen: Sie bekämpfen die westliche politische Moderne.

■ Dieses neue Konzept der Sklaverei beruhte auf rassischen und biologischen Aspekten und auf dem Fortschritt. Denn es gab keine vernünftige Erklärung dafür, Schwarze oder Farbige als Sklaven einzusetzen, außer dem Fortschritt. Das war ein neues Konzept der Sklaverei, das auf der Messung des Fortschritts beruhte. Der Progressivismus war die Hauptantriebskraft der Sklaverei.

■ Um die Folgen von Sklaverei und Kolonialismus zu beseitigen, müssen wir die westliche politische Moderne auslöschen. Dies ist der einzige Weg. Wenn wir die Sklaverei fälschlicherweise außerhalb der westlichen, politischen, bürgerlichen und kapitalistischen Moderne projizieren, werden wir zu einem falschen Schluss geführt. Das ganze Phänomen wurde von der westlichen politischen Moderne geschaffen, erklärt und finanziert.

8. Inspiration aus dem Osten

■ Wie können wir aus diesem erkenntnistheoretischen Feld der westlichen politischen Moderne herauskommen? Wenn wir uns auf den Namen »westliche politische Moderne« konzentrieren, haben wir bereits eine Lösung. Um aus diesen Grenzen herauszukommen, laden wir Sie ein, über den Westen hinauszugehen. Also, willkommen im Osten. Willkommen bei den nicht-westlichen Zivilisationen.

■ Willkommen im Islam, willkommen in Indien, willkommen in der großen, alten chinesischen Zivilisation, willkommen in Afrika, willkommen in den archaischen Gesellschaften. All diese Formen von Zivilisationen könnten unsere Vorbilder sein, denen wir folgen sollten.

- Wir sollten die westliche Geschichte nur als einen Zweig der Geschichte der Menschheit betrachten. Wenn wir den Anspruch des westlichen Universalismus zurückweisen, könnten wir die Werte der chinesischen politischen Ideen, der islamischen politischen Ideen, des christlich-orthodoxen politischen Denkens wiederentdecken — des östlichen, nicht des westlichen, das eine völlig andere Form des politischen Denkens ist. Wir könnten die indische Tradition wiederentdecken, wir könnten archaische Menschen wiederentdecken und sie nicht unter dem Gesichtspunkt des Fortschritts oder der technischen Entwicklung beurteilen.

- Menschen in allen Formen, die in allen Arten von Gesellschaften leben, sind immer noch menschlich — vielleicht menschlicher als unsere technische Zivilisation. Wir sollten die Vielfalt aller Arten von Kulturen und Gesellschaften wiederentdecken, und wir sollten sie akzeptieren. Akzeptieren Sie die archaischsten Menschen, die archaischsten Gesellschaften und Stämme, die außerhalb der so genannten »Zivilisation« leben, als ein Beispiel, dem wir vielleicht folgen oder das wir entdecken und studieren sollten, etwas, das wir zuerst verstehen müssen, anstatt es zu beurteilen oder zu versuchen, es den Kriterien der westlichen politischen Moderne anzupassen.

- Wir entdecken jede Art von Zivilisation außerhalb des Westens wieder. Und das ist großartig. Wir haben diese immense Menge an politischem Denken, kulturellem Denken, Philosophie, Religion — außerhalb des Westens. Und wir können sie als Inspirationsquelle nutzen, um etwas Neues zu schaffen. Wir können etwas nicht-westliches vorschlagen und es als Leitstern für die Vierte Politische Theorie nehmen.

- Natürlich können wir nicht eine neue Art von Universalismus erreichen. Und das sollten wir auch nicht, das brauchen wir auch nicht. Wir müssen jeder Zivilisation, jeder Kultur die Perspektive eröffnen, ihre eigene politische Zukunft zu gestalten, abgesehen von etwas, das von der kolonialen westlichen Moderne als unvermeidlich, als Schicksal aufgezwungen wird.

- Zunächst einmal ist die Einladung geografisch. Wir sollten den Wert des politischen Denkens außerhalb des Westens anerkennen. Russische Eurasianisten haben beispielsweise angemerkt, dass die Studie des österreichischen Philosophen Kelsen über die universelle Geschichte des Rechts vollständig dem römischen Recht gewidmet ist. Nur wenige Seiten sind allen anderen nicht-westlichen Rechtssystemen gewidmet. Das heißt nicht, dass das römische Recht schlecht ist. Es gibt nicht-römische Rechtssysteme außerhalb der westlichen Zivilisation — und das ist großartig. Wir haben das islamische Recht, das chinesische Recht, die konfuzianische Tradition, das indische Recht und auch einige archaische Systeme der Legalität und Legitimität. Wir müssen sie alle berücksichtigen.

- Alle Zivilisationen können sich von ihrem eigenen politischen Denken inspirieren lassen. Das ist die Bedeutung der Vierten Politischen Theorie. Nach dem Ende des Liberalismus (das sich abzeichnet) müssen wir die nicht-westlichen politischen Systeme rehabilitieren. Diese Systeme könnten den Menschen im Westen als schrecklich, nicht zivil oder furchtbar erscheinen, aber das ist kein Argument. Die Menschen im Westen sollten sich um ihre eigene Zivilisation kümmern, die nur eine Art von Zivilisation unter vielen anderen ist. Und niemand kann über die anderen urteilen. Niemand — weder Soros, noch Bill Gates, noch Hillary Clinton, noch Washington, noch Brüssel, noch Moskau, noch Riad, noch Neu-Delhi, noch Peking.

- Niemand kann den anderen beurteilen. Es gibt kein universelles Kriterium im politischen Denken, und das ist das Hauptprinzip der Vierten Politischen Theorie.

9. Wahrer Universalismus basiert auf der Pluralität der Subjekte

- Um einen positiven Sinn für eine postliberale Weltordnung zu entwickeln, sollten wir dies als Hauptgesetz anerkennen: Alle

Zivilisationen können ihre eigenen politischen Systeme außerhalb jedes universellen Paradigmas errichten — vor allem außerhalb des modernen westlichen politischen Paradigmas, das als etwas Universelles akzeptiert oder aufgezwungen wird. Demokratie, Liberalismus, Menschenrechte, LGBT+, Robotisierung, Fortschritt, Digitalisierung und Cyberspace sind optional. Sie sind keine universellen Werte. Es gibt keine universellen Werte, außer dem Wert, auf den sich alle Arten von Zivilisationen einigen könnten.

- Uns fehlt eine wirkliche internationale Ordnung, weil wir keine vollwertigen Subjekte haben, die ein solches Recht schaffen könnten. Wir befinden uns immer noch in der Kolonialisierung. Es gibt nur ein Subjekt: das moderne westliche liberale Subjekt, das versucht, seine eigenen Werte als universelle formale Ordnung über alle anderen zu stellen. Und das ist absolut falsch. Wir kämpfen genau gegen diese Anmaßung. Der Westen ist der Westen. Der Westen ist nicht alles. Der Westen ist ein Teil des Ganzen. Die Menschen im Westen sind ein Teil der Menschheit. Der Westen kann akzeptiert oder abgelehnt werden — das hängt von der freien Entscheidung der anderen Zivilisationen ab. Der Westen ist eine Zivilisation unter vielen anderen.

- Deshalb ist das nicht-westliche politische Denken so wichtig. Die wahre universelle Rechtsgeschichte sollte alle Rechtssysteme aller existierenden Zivilisationen umfassen — den ernsthaften Teil des Konfuzianismus, den ernsthaften Teil des indischen politischen Denkens, den großen Teil des islamischen Rechts, den großen Teil des byzantinischen Rechts, den großen Teil der verschiedenen archaischen Rechtssysteme… Jeder archaische Stamm kann sein eigenes System schaffen, und wir sollten das sehr aufmerksam verfolgen. Und natürlich der große Teil des römischen Rechts. Wir könnten aber auch das moderne westliche politische Denken einbeziehen — aber das sollte nur ein kleiner Teil des gesamten politischen Denkens der Menschheit sein.

- Wir sollten auf diese Umverteilung des Wertesystems drängen. Dies ist ein Weg, um aus der westlichen politischen Moderne herauszukommen. Wir sollten die Würde des nicht-westlichen politischen Denkens in vollem Umfang anerkennen. Das ist sehr konkret: In jeder Zivilisation können wir leicht eine riesige Menge an politischen Verträgen, Ideen und Schulen finden. Aber wir ignorieren sie völlig und behandeln die offene Gesellschaft und ihre Feinde (Karl Popper, Hayek oder Karl Marx) als universelle Denker oder Systeme. Ja, sie sind mehr oder weniger interessant. Aber im Vergleich zum Konfuzianismus, zum indischen politischen Denken und zum islamischen politischen Denken sind Liberalismus, Marxismus und westlicher Nationalismus sehr arm. Sie sind nur mögliche Formen des politischen Denkens — ein kleiner Teil, ein sehr arroganter Teil der Menschheit. Sie sind nur ein kleiner Teil, nicht das Ganze. Und das ist äußerst wichtig.

10. Der Westen ist nur ein Teil des Rests

- Wir müssen die Würde aller nicht-westlichen politischen Philosophien wiederherstellen, einschließlich Afrikas, Indiens und Amerikas. Dazu gehören große und entwickelte Zivilisationen ebenso wie die kleinen archaischen Gesellschaften Ozeaniens.

- Wir müssen die Menschheit als Menschheit akzeptieren — nicht den Westen und den Rest. Wir sollten die Position umkehren: Der Rest ist der Name der Menschheit, und der Westen ist der Name der Krankheit am Körper der Menschheit. Der Rest ist das Zentrum, nicht der Westen.

- Wir leben heute in einem System, in dem der moderne Westen der einzige Pol (unipolar) ist und beabsichtigt, die Herrschaft über den Rest zu übernehmen. Dagegen müssen wir die globale geopolitische menschliche Revolution organisieren. Wir sollten den Status des Subjekts gleichmäßig auf den Rest verteilen. Der Westen ist Teil des Rests — ein kleiner Teil des Rests.

- Wir sollten den Westen nicht bestrafen. Wir sollten ihn innerhalb seiner normalen historischen, organischen Grenzen halten — nichts anderes. Sie sind westlich? Na gut, aber Sie sind nicht universell. Sie glauben fest an die Menschenrechte, LGBT+? Das liegt an Ihnen. Es ist Ihre Entscheidung, nicht meine. Es ist nicht notwendig. Wir könnten die Homo-Ehe oder die Gay Pride verbieten — das ist absolut unser gutes Recht, und das ist die höchste Entscheidung, die wir treffen können. Oder wir könnten es geschehen lassen…

- Nichts sollte pauschal verurteilt oder gerechtfertigt werden. Alles hängt von der Ausgewogenheit der von jeder Zivilisation getroffenen Entscheidung ab.

- Um die Weltordnung auf diesem Prinzip aufzubauen, müssen wir den Anspruch der westlichen politischen Moderne auf die Errichtung einer universellen Herrschaft zurückweisen. Die nichtwestlichen Gesellschaften sollten an erster Stelle stehen. Wir sollten den westlichen Konsens auslöschen; so etwas wie einen westlichen Konsens gibt es nicht. Es gibt Regime, es gibt Kolonialisierung, es gibt Besatzung — das ist der westliche imperiale Liberalismus, den wir bekämpfen sollten.

11. Der Westen selbst sollte von der Moderne befreit werden

- Das ist sehr wichtig; wir sollten nicht den Westen beschuldigen — wir sollten den modernen Westen beschuldigen. Und das ist etwas ganz anderes, denn nicht nur viele Völker der Welt werden von der westlichen Moderne kolonisiert und ausgebeutet: auch die Identität der westlichen Kultur (der westlichen Zivilisation, der westlichen Gesellschaft) wird von der Moderne gekapert. Und jetzt, mit dem Aufblühen der Annullierungskultur, sehen wir, wie das funktioniert. Die Liberalen von heute versuchen, die

Grundsätze der westlichen Identität zu streichen. Sie streichen Aristoteles, Platon, Hegel, Nietzsche und Heidegger und verteufeln alles, was zum großen westlichen Denken und zur Kultur gehört — alles, was nicht in die engen Grenzen dieser radikal intoleranten linksliberalen Ideologie passt. Alles wird als Faschismus, als etwas Unannehmbares, beurteilt.

- Der moderne Westen zerstört mehr und mehr die Prinzipien des Westens (vormoderner Westen). Wir müssen also den Westen befreien. Wir müssen nicht nur den Rest vom Westen befreien, sondern gleichzeitig den Westen von der Moderne befreien. Denn die Moderne versucht, die Ursprünge, die Quellen der westlichen Identität auszulöschen. Jetzt ist es ganz offen. Jeder ist von der westlichen politischen Moderne kolonisiert. Nicht nur die nichtwestlichen Kulturen und Zivilisationen — der Westen selbst ist von der Moderne kolonisiert.

- Wir müssen den Westen befreien. Wir müssen Platon, Aristoteles, die griechisch-römische Antike befreien. Wir müssen die Würde der christlichen vormodernen Gesellschaften wiederherstellen — politisches Denken, kulturelle Werte, Philosophien, Metaphysik... Wir müssen das Erbe des vormodernen Westens wiederherstellen, das auf dem Weg ist, durch eine neue Säuberung durch den Liberalismus völlig ausgelöscht zu werden.

- Wir sollten in der globalen Revolution gegen die westliche politische Moderne geeint sein. Aber wir sollten verstehen, dass wir nicht gegen den Westen kämpfen. Wir kämpfen gegen das Regime der Moderne.

- Die Moderne ist antiwestlich. Sie ist nicht der Westen. Sie ist eine Abweichung der westlichen Geschichte, die auf einem völligen Missverständnis ihrer selbst beruht. Die westliche Moderne ist die Krankheit. Es ist eine westliche Krankheit — aber zuallererst tötet sie den Westen selbst. Wir müssen also dem Westen helfen, sich von der Moderne zu befreien.

• Wir müssen Europa und die Vereinigten Staaten vom Liberalismus befreien. Wir sollten alle Arten von Volksbewegungen und Tendenzen unterstützen, die versuchen, die soziale Gerechtigkeit wiederherzustellen und die Menschen von den liberalen politischen Eliten zu befreien, die mehr und mehr Modernisierung, Liberalismus und Selbstmord fördern. Denn jetzt ist die postmoderne westliche Bildung auf die totale Zerstörung jeglicher westlicher Werte ausgerichtet. Das ist eine neue Barbarei. Liberale bringen keine Kultur, sie bringen Barbarei. Diese Abschaffungskultur (die LGBT+, Black Lives Matter und feministische Tendenzen einschließt) ist wie ein Aufruf zur Abschaffung aller anderen Arten von Kultur. Es ist der Völkermord an der westlichen Kultur.

• Die Moderne ist nicht westlich. Sie ist eine Krankheit, eine moderne Krankheit, die die westliche Identität tötet. Und es ist kein menschlicher Feind, der diese Krankheit verursacht — sie wird durch eine Veränderung im Register der Existenz verursacht.

• Wir müssen mit dem Kapitalismus, der westlichen Moderne, dem Materialismus, der modernen Wissenschaft — allen möglichen politischen, kulturellen und philosophischen Früchten der Moderne — Schluss machen. Und das ist kein Nihilismus, ganz und gar nicht. Denn wenn wir die Moderne auslöschen, werden wir in der Lage sein, das riesige Erbe der griechisch-römischen Kultur zu erkennen (das jetzt ausgelöscht ist oder gerade dabei ist, radikal ausgelöscht zu werden). Wir werden die Wurzeln der westlichen Identität entdecken: die spirituellen, religiösen, philosophischen und politischen Wurzeln — nicht diese Art von Abweichung und Perversion, mit der wir es durch die politische Moderne zu tun haben.

• Nicht nur die Welt sollte entkolonialisiert werden, auch der Westen selbst sollte entkolonialisiert werden und seine wahre Würde wiedererlangen — als eine große Zivilisation unter anderen großen Zivilisationen.

- Es geht also nicht gegen den Westen. Es geht gegen den Liberalismus und den Globalismus, gegen die westliche politische Moderne.

12. Die Postmoderne von Rechts betrachtet

- Die Vierte Politische Theorie ist eine Aufforderung, nach vorne zu gehen, vorwärts zu gehen. Wir können uns von der Vergangenheit inspirieren lassen, aber wir leben in der Gegenwart. Wir sollten nicht genau so in die Vergangenheit zurückkehren, wie sie war — wir müssen einen Schritt vorwärts machen, vorwärts, nicht viele Schritte rückwärts. Die Vergangenheit sollte als ewiges Beispiel betrachtet werden, als platonische Ideen, als das Wesen, das uns inspiriert. Aber wir haben es mit der Zeit zu tun, und die moderne Zeit ist die Katastrophe. Es ist die Zeit des Verfalls, des Zusammenbruchs, der endgültigen Katastrophe. Wir müssen also weiter gehen.

- Wir könnten einige Methoden der Postmoderne nutzen, um die westliche politische Moderne zu dekonstruieren. Die Postmoderne besteht aus zwei Teilen. Erstens gibt es eine sehr berechtigte Kritik an dem gewalttätigen und pervertierten Teil der westlichen politischen Moderne, dem Totalitarismus. Wir könnten dieser postmodernen Kritik zustimmen. Aber es gibt einen zweiten Teil der Postmoderne: die moralische Fortsetzung der Moderne — eine Zustimmung zu ihrer Forderung nach weiterer Befreiung, Gleichmacherei und anderen Themen der linksliberalen Moral. In diesem moralischen Aspekt ist die Postmoderne viel schlimmer als die Moderne. Aber wir müssen diese beiden Teile voneinander trennen. Wir könnten die Kritik und den Dekonstruktionsprozess der Moderne akzeptieren und nutzen und die moralischen Solidaritätsformen, die der Postmoderne eigen sind, ablehnen. Wir brauchen eine Art »richtige« Postmoderne — eine Postmoderne, die von der Rechten aus gesehen wird. Nicht die politische oder wirtschaftliche Rechte. Dieses Wort wird nur verwendet, um sie von der linksliberalen Verwendung der Postmoderne zu unterscheiden, die mehr und mehr die westliche und globale menschliche Identität zerstört. Wir müssen uns also auf den Dekonstruktionsprozess der westlichen politischen Moderne konzentrieren, ohne die moralischen Annahmen der Postmoderne zu teilen.

13. Coronavirus: Der Globalismus ist völlig gescheitert

- Der Coronavirus ist die Pest — eine Art eschatologisches Zeichen (das ist sehr wichtig) und ein Symbol für die totale Unfähigkeit der Globalisten, ein Problem wie eine Epidemie zu bewältigen. Dies ist ein klares Zeichen für das Ende der Globalisierung.

- Das Coronavirus und die Lockdowns haben gezeigt, wie fragil das globalistische System ist. Und wenn wir mit einer ernsthaften Bedrohung konfrontiert werden, schließen wir sofort die Grenzen. Die Schließung der Grenzen ist eine kurzfristige Lösung für alles. Und vielleicht können wir, die wir immer noch in der teilweisen Abriegelung leben, etwas sehr Wichtiges daraus lernen: Die Öffnung oder Beseitigung von Grenzen ist keine universelle Lösung. Es kann nützlich oder schädlich sein, also ist es keine Universallösung. Keine Lösung ist universell, wenn wir es mit den liberalen Eliten zu tun haben.

- Der Versuch der liberalen Eliten, Feuer mit Öl zu löschen, ist Selbstmord. Ein Beispiel dafür ist das, was jetzt in den Vereinigten Staaten passiert. Die Demokraten verlieren ihren legitimen Kampf um die Macht gegen Trump, also versuchen sie, einen Bürgerkrieg als Argument zu benutzen, um ihre Ergebnisse zu erzielen. Das ist Selbstmord — die Politik des Selbstmords.

14. Liberalismus: Extremismus, Verbrechen, Selbstmord, Hass

- Was alle Liberalen heute tun, ist Selbstmord. Wir sollten sie also aufhalten, wir sollten sie überwinden. Kein Liberalismus — er muss beiseite gelegt werden. Liberalismus ist der heutige Name für Faschismus. Wenn wir in der Vergangenheit den Faschismus verteufelt haben, sollte das Wort »liberal« heute eine Beleidigung sein. Wenn du liberal bist, bist du ein Untermensch, du bist weniger als ein Mensch, du bist eine kranke Kreatur, eine perverse Kreatur. Und du bist ein Verbrecher, denn du schürst Bürgerkrieg, soziale Ungerechtigkeit, Besatzung, Kolonisierung, Entmenschlichung. Der Liberalismus ist ein Verbrechen, ein Verbrechen gegen die Menschheit — schlimmer als Faschismus und Kommunismus. Das heißt nicht, dass wir den Faschismus oder Kommunismus wiederherstellen sollten. Es waren totalitäre Regime. Wir sollten auch sie beiseite legen. Sie gehören der Vergangenheit an. Und der Liberalismus ist die wirkliche Gefahr, das wirkliche verbrecherische System der Weltordnung, das immer noch existiert.

- Antifaschistisch oder antikommunistisch zu sein, bedeutet, mit dem Schatten der Vergangenheit zu kämpfen. Die wahre Herausforderung besteht darin, antiliberal zu sein. Heute gibt es sie und uns. »Sie« sind die Liberalen, und sie sind nicht nur gegen russische, chinesische, muslimische und europäische Patrioten — sie sind gegen Nordamerikaner, Lateinamerikaner, Afrikaner, Europäer und alle anderen. Sie sind von ihrer eigenen Gesellschaft entfremdet. Sie haben keine Legitimation zu regieren, denn sie sind Usurpatoren, Ausbeuter und Mörder. Liberal zu sein heißt, ein Mörder zu sein.

- So versteht die Vierte Politische Theorie die Situation.

15. Die Vierte Politische Theorie und das neue Bildungsprojekt

- Schließlich müssen wir handeln — diese Überlegungen (wenn Sie sie teilen, wenn Sie ihnen zustimmen) in eine Art Tat umsetzen. Und die wichtigste und zentralste Tat liegt in der Bildung. Denn über die Bildung dringen die Liberalen in unsere Gesellschaft ein, pervertieren unsere Kinder, zerstören die Grundprinzipien von Kulturen und Ländern, beseitigen und lösen Identitäten auf.

- Der Hauptkampf sollte auf der Ebene der Universitäten stattfinden. Wir schlagen vor, diesen globalen Lockdown zu nutzen, um eine Online-Struktur für alternative Bildung außerhalb der westlichen politischen Moderne zu fördern. Religiöse, christliche, islamische, hinduistische, buddhistische — alle Arten von nichtmodernen westlichen Ansätzen zur Bildung.

16. Programm für die erste Kaste: Brahmanen, Philosophen

- Auf der Ebene der Bildung gibt es drei Arten von Menschen, die wir ansprechen. Der erste Typ ist die kleine Minderheit der Weltbevölkerung, die der Philosophie, Religion und Theologie zugeneigt ist. Und wir sollten ihre Nachfrage befriedigen, indem wir ihnen das vollständige Bild der spirituellen Kultur vermitteln, die wir mit den Liberalen verlieren werden. Wir müssen diesen Schatz an religiöser, traditioneller, alter und moderner Weisheit retten. Wir müssen dieses geistige Erbe retten und bewahren. Das ist unsere Aufgabe: das Bedürfnis der denkenden Menschen — der Philosophen der Welt — zu befriedigen, indem wir ihnen Zugang zu den wahren Inhalten der spirituellen Tradition verschiedener Religionen und verschiedener Kulturen verschaffen.

- Wir müssen diese traditionalistische Bildung fördern — einschließlich der Metaphysik, der Theologie, der mittelalterlichen

Tradition sowie der nicht-westlichen Denksysteme. Und alle Arten von philosophischen Tendenzen, die formal zum modernen Westen gehören, sich aber von ihm unterscheiden — zum Beispiel die deutsche klassische Philosophie, beginnend mit Fichte, Schelling, Hegel, oder Nietzsche, Heidegger, die konservative Revolution, der Traditionalismus, das italienische Denken, künstlerische Bereiche, die weniger von den modernen westlichen kapitalistischen und liberalen Prinzipien beeinflusst sind...

- All das sollte gerettet und in etwas umgewandelt werden, das für die Menschen in der ganzen Welt zugänglich ist. Warum ist das so wichtig? Weil in der westlichen Art der Bildung genau diese Dinge vor unseren Augen verschwinden. In den besten Gymnasien und Universitäten gibt es heute keine klassische Bildung mehr. Sie sind dabei, dieses Erbe zu verlieren. Sie sind mehr und mehr mit der Abschaffung der Kultur beschäftigt. Sie versuchen, alles in der Bildung zu streichen.

- Wenn man den indischen Begriff verwendet, handelt es sich hier um das Projekt der Vierten Politischen Theorie auf der Ebene der Brahmanen — Philosophen, Priester, *Sacerdoti*, Intellektuelle. Es ist eine Art ganz besonderes Engagement für hochintellektuelle Menschen. Es kann nicht für die Massen sein. Es ist für diese isolierten Individuen. Wir müssen ihnen Aufmerksamkeit schenken, wir müssen ihre Bedürfnisse befriedigen. Wenn das liberale Bildungssystem voranschreitet, werden sie völlig entfremdet sein. Und das wird nicht nur die westlichen Universitäten betreffen, sondern auch die östlichen Universitäten, die nur das westliche Muster nachahmen.

17. Programm für die zweite Kaste: Kshatriyas, Krieger, Aktivisten

- Aber wir müssen auch einen Bildungsaufruf für die politische Elite machen: die Kämpfer, die Kshatriyas, die Krieger. Und sie können sich nicht nur mit Wissen begnügen, sie sollten das Wissen in die Praxis umsetzen. Sie sollten an einem speziellen Online-Bildungsprogramm teilnehmen, um Kriegerwissen zu schaffen — d. h. Wissen darüber, wie man den Feind bekämpft. Dazu brauchen sie besondere Qualitäten. Wir sollten die Werte derjenigen Menschen wiederherstellen, die potenzielle Helden sind. Sie sind von der Postmoderne, vom Liberalismus völlig ausgeschlossen — es gibt sie nicht mehr.

- Es war kein Zufall, dass die westliche politische Moderne die Ausrottung der ersten beiden Stände vorangetrieben hat: die Priester und die Aristokratie — die Krieger. Der Kapitalismus kam, um diese beiden Arten von menschlichen Persönlichkeiten auszulöschen. Jetzt sind wir in der letzten Phase der Ausrottung der Brahmanen und Kshatriyas in der ganzen Welt angekommen. Wir müssen ihnen helfen, sich selbst wiederherzustellen und ihre existenziellen und metaphysischen Aufgaben zu erfüllen.

- Wir müssen also ein Netzwerk für die modernen Kshatriyas schaffen, um den Liberalismus, die unipolare Weltordnung und die westliche politische Moderne zu bekämpfen — aber nicht, um uns gegenseitig zu bekämpfen. Dies ist sehr wichtig. Die Vierte Politische Theorie fordert alle Kshatriyas auf, nicht gegeneinander zu kämpfen — zum Beispiel Chinesen gegen Inder, Inder gegen Pakistaner, Schiiten gegen Sunniten, Christen gegen Muslime, Afrikaner gegen Weiße oder eine Nation gegen eine andere Nation. Denn das ist die Strategie der Liberalen. Sie wollen spalten und herrschen (*divide et impera*). Und wenn sie einen kriegerischen Geist in der Gesellschaft aufsteigen sehen, versuchen sie, diesen zu manipulieren und gegen andere potenzielle Rivalen, Konkurrenten oder Feinde der Offenen Gesellschaft zu richten. Auch wir sollten nicht in diese Falle tappen. Wir müssen die Solidarität unter allen Kshatriyas der Welt fördern.

- Zuerst sollten wir mit dem Globalismus abschließen; und danach werden wir unser gemeinsames Problem lösen. Aber dieses gemeinsame Netzwerk von Kshatriyas, Kriegern und Helden, ist sehr wichtig. Wir müssen all diesen Kshatriyas eine Ausbildung bieten, die auf der Solidarität zwischen dem Kriegertypus von Männern und Frauen basiert. Denn diese Art der menschlichen Persönlichkeit ist gleichmäßig unter Männern und Frauen verteilt. Wir sollten nicht arrogant gegenüber Frauen sein — wir sollten die traditionelle Würde der Frauen rehabilitieren.

- In der politischen Moderne werden Frauen heute als Ware betrachtet, weil die kapitalistisch-materialistische Logik vorherrscht. Wir müssen die Frauen für ihr eigenes Schicksal befreien — was mit dem philosophischen Typus verbunden sein kann. Das ist ein seltener Fall, aber Philosophie ist selten; sie ist eine ganz besondere Eigenschaft des Menschen. Und, wie Platon sagte, ist sie selten bei Männern zu finden — aber auch selten bei Frauen. Sie ist als solche selten. Männer, die sich ganz der Philosophie und Metaphysik verschrieben haben, sind selten, aber auch Frauen, die das sind, sind selten.

- Wir müssen die Würde der Frauen wiederherstellen und ihnen den Zugang zur Vierten Politischen Bildung unter den gleichen Bedingungen wie den Männern ermöglichen. Der Unterschied in der metaphysischen Struktur der Seele ist viel wichtiger als der Geschlechtsunterschied. Nachdem wir also die brahmanische Erziehung geschaffen haben, die Männern und Frauen weltweit offensteht, sollten wir ein Netzwerk moderner Kshatriyas fördern, das auch Frauen offensteht, um gegen die moderne Welt zu kämpfen, und nicht untereinander.

18. Programm für die dritte Kaste: Vaishyas, Bauern, Landleute

- Aber all das ist einer kleinen Minderheit der Weltbevölkerung gewidmet, denn die Brahmanen (die Denker, Philosophen, Intellektuellen) sind selten; und die Krieger — die wahren

Helden — sind ebenfalls selten. Und was soll man mit der großen Masse der Bevölkerung machen, die auch Opfer der Liberalen ist? Was könnten wir jenseits dieses elitären Ansatzes vorschlagen? Der Hauptgedanke ist, ein drittes Bildungsniveau für die absolute Mehrheit der Bevölkerung zu organisieren, das mit der Wiederherstellung der traditionellen Familie und der traditionellen Lebensweise mit der Landwirtschaft verbunden sein sollte. Das Bauerntum ist die Antwort.

- Zunächst einmal wurde das europäische Bauerntum durch den Kapitalismus zerstört. Die Leute, die sich als bürgerlicher dritter Stand verstanden, waren keine Vertreter des wirklichen dritten Standes in der europäischen Tradition, denn der dritte Stand wurde gerade durch die Bauern repräsentiert. Das europäische Bauerntum — das war der dritte Stand in den europäischen Gesellschaften. Er wurde nicht von den Händlern repräsentiert. Die Händler waren die Parasiten, die Vermittler zwischen den höheren Klassen der Gesellschaft und dem riesigen Meer der Bauernschaft.

- Wir müssen das System der autarken, auf kleinen Dörfern basierenden Agrargesellschaften wiederherstellen. Der Coronavirus hat uns gezeigt, wie wichtig es ist, Zugang zu Nahrungsmitteln zu haben, um die einfachsten Bedürfnisse der Menschen zu befriedigen. Dies wird in Zukunft immer wichtiger werden.

19. Auszug aus den Städten: große Rückkehr zur Erde

- Wir müssen uns auf diese neue Tendenz von der Rückkehr zur Erde konzentrieren, bei der die Mehrheit der Bevölkerung zur landwirtschaftlichen Praxis zurückkehrt. Wir müssen die Abwanderung aus den Großstädten fördern, unterstützen und begleiten — das ist sehr wichtig.

- Großstädte sind künstliche Konstruktionen des modernen Westens. Große Industriestädte sollten ausgelöscht werden — die Bevölkerung sollte sie verlassen und ein echtes Leben auf dem Land führen, denn nur das Land gibt uns echtes Leben und echten Zugang zum Sein.

- Wir müssen eine dritte Bildungsebene schaffen, die sich auf die neue Bauernschaft konzentriert. Die Menschen können unserem Netzwerk der Vierten Politischen Theorie online beitreten, aber es sollte außerhalb der Großstädte organisiert werden, auf der Grundlage traditioneller Familien — ohne die Perversen aus den Großstädten.

- Wir müssen zur Erde gehen. Und das bedeutet nicht, in die Vergangenheit zurückzukehren: Es ist der einzige Weg, die Menschheit vor dieser echten Krankheit zu retten, die durch den Posthumanismus und die neue Technologie repräsentiert wird, die versucht, die menschlichen Gene zu manipulieren, uns zu transformieren, uns mit künstlichen Substanzen zu markieren, um unsere Kultur zu kontrollieren und aus unseren Adern und unseren Seelen zu löschen. Wir sollten gegen diese Globalisierung kämpfen.

- Für die große Mehrheit der Bevölkerung schlägt die Vierte Politische Theorie die Rückkehr zur Erde vor — das heißt, die Rückkehr zu den Menschen, die Rückkehr zu den Ursprüngen, die Rückkehr zu den Quellen. Es könnte eine Bewegung der massiven Schaffung von Agrarkooperativen sein: landwirtschaftliche Gemeinschaften, die weltweit durch das System und die Struktur des Netzwerks der Vierten Politischen Theorie verbunden sind.

- Wir müssen die neue Bauernschaft ausbilden. Wir müssen ihnen helfen, ihre ursprünglichen Traditionen, ihre Wurzeln, ihre Vorfahren und ihre Kulturen wiederherzustellen. Denn das bäuerliche Leben war voller Symbolik und Sakralität. Der rumänische Traditionalist Mircea Eliade war ein Vertreter dieser sehr reichen bäuerlichen Heiligkeit. Er könnte ein Vertreter des

Traditionalismus des dritten Standes für die neue Bauernschaft sein. Wir könnten diese Idee in unserer Debatte weiterentwickeln.

20. Das Volk: das Hauptthema der Vierten Politischen Theorie

- Wir sollten das Volk als Hauptsubjekt der Vierten Politischen Theorie fördern, denn das Volk setzt immer die Beziehungen zur Erde voraus—im konkreten, symbolischen und sakralen Sinne. Daher sollten Nietzsches Worte »Meine Brüder, bleibt der Erde treu« berücksichtigt werden. Denn die Erde ist für die Menschen das Sein—sie ist keine entfremdete Substanz, die für materielle Bedürfnisse genutzt werden kann. Die Erde ist heilig.

- Diese Rückkehr zur Erde aus den Städten, diese Abkehr von den Großstädten sollte eine existenzielle und metaphysische Bewegung sein, um zum Wesen zurückzukehren. Die Aufgabe der Vierten Politischen Theorie besteht darin, diesen Prozess zu fördern.

21. Die Vierte Politische Theorie als offenes Projekt und Appell

- Wir möchten Ihre Meinungen, Standpunkte, Vorschläge und Kritik hören. Die Vierte Politische Theorie ist nicht dogmatisch—sie ist völlig offen. Sie ist eine reine Theoriebildung. Es ist ein Prozess, der für alle offen ist, eine Theorie außerhalb des Liberalismus und der westlichen politischen Moderne zu bilden, mit offenen Enden. Jede Art von Zivilisation, jede Gesellschaft, jede Kultur sucht nach etwas ganz Besonderem, das nur innerhalb ihrer selbst Sinn macht, nicht außerhalb.

Liberalismus 2.0

25. April 2021

DIE NEUE WENDE DES LIBERALISMUS

IM GEGENWÄRTIGEN historischen Moment können wir klar ein sehr wichtiges Phänomen erkennen: eine neue Wende in der liberalen Ideologie. Wie jede andere politische Ideologie verändert sich auch der Liberalismus ständig, aber in einem bestimmten Moment können wir wirklich paradigmatische Verschiebungen feststellen, die uns das Recht dazu geben, zu sagen: Hier endet etwas und etwas Neues beginnt. Das ist der nächste Moment. Er geht oft mit dem Sturz eines bestimmten politischen Regimes einher oder jenem des Gleichgewichtes der Kräfte nach einem ernsthaften Konflikt — im Sinne eines Weltkrieges und so weiter. Aber manchmal geht er unbemerkt auf einer latent unterschwelligen Ebene vorüber. Freilich können wir immer zwischen verschiedenen Symptomen der verursachten Veränderungen unterscheiden, aber ihre Tiefe und die Frage, ob sie den Punkt erreicht haben, an dem es kein Zurück mehr gibt, bleiben weiterhin ungeklärt.

Ich vertrete die Meinung, dass genau in diesem Moment wir Zeuge eines solchen dramatischen Wandels innerhalb der politischen Ideologie des Liberalismus werden.

Lassen Sie uns dies den Übergang vom Liberalismus 1.0 zum Liberalismus 2.0 nennen. Wie bei jedem ernsthaften Übergang verlangt

dieser nach einem bestimmten »Übergangsritus«. Als solchen inter-
pretiere ich die Situation, in welcher Donald Trumps Präsidentschaft
kulminierte, nämlich in seinen Sturz durch die globalistische Elite,
verkörpert durch Joe Biden und seiner — abermals! — neokonservativen Regierung. Dies ist nichts anderes als ein »Übergangsritus« — verkörpert durch Schwulenparaden, BLM-Aufstände, imperialistische
LGBT+-Angriffe, den weltweiten Aufstand des wilden Feminismus
und der spektakulären Ankunft des Posthumanismus und der extremen Technokratie. Hinter all dem spielen sich tiefgründige — intellektuelle und philosophische — Prozesse ab, die ich vorschlage zu
untersuchen.

LIBERALE EINSAMKEIT

Ich möchte im Voraus erklären, dass ich diese Untersuchung vor dem
Hintergrund meines strukturellen Zugangs durchführen werde, der
auf der Vierten Politischen Theorie aufbaut. Das bedeutet, dass ich
die liberale Ideologie (auch Erste Politische Theorie) als die Summe
des historischen Systems des eigentlichen Paradigmas der westlichen
Moderne betrachte, die im Verlauf des 20. Jahrhunderts ihren epi-
schen Kampf gegen ihre Hauptfeinde — die Kommunisten (Zweite
Politische Theorie) und die Faschisten (Dritte Politische Theorie)
gewonnen hat, die während dieses Zeitraums den Anspruch der
Liberalen, am modernsten zu sein, herausgefordert haben und selbst
erklärten, moderner zu sein als die Liberalen. Dies wurde ausdrück-
lich so vom marxistischen Futurismus formuliert, bildete aber ebenso
die Grundlage des faschistischen Denkens.

Dieser Sicht zufolge hat der Liberalismus als Ideologie — politisch,
ökonomisch, kulturell, sozial und so weiter — im 20. Jahrhundert
nicht nur taktisch, sondern strategisch und gewissermaßen irre-
versibel gewonnen und wurde zur einzigen politischen Ideologie
nach den 1990er Jahren. Dies nennt man für gewöhnlich den »unipolaren Moment« (Charles Krauthammer) und dieser wurde vor-
eilig — wie man heute weiß — von Francis Fukuyama zum »Ende der
Geschichte« erhoben. Jenseits all dieser Details und Fragen bezüglich

der korrekten Bestimmung dieses Zeitpunktes war der ideologische Sieg des Liberalismus in dieser Periode unbestreitbar. Der chinesische Kommunismus ist keine umfassende Alternative zum liberalen Kapitalismus, weil China seit der Herrschaft von Deng Xiaoping teilweise in die globale politische Ökonomie eingebettet wurde in einem Versuch, diese zum Vorteil der Stärke des Landes zu nutzen, wobei es jedoch die wesentlichen liberalen Regelungen und die Prinzipien des freien Marktes akzeptieren musste.

Dies war der Wendepunkt, der den alten Liberalismus vom neuen Liberalismus symbolisch trennte, den Liberalismus 1.0 vom Liberalismus 2.0. Dann konnten wir in den 1990er Jahren die Reifung einer tiefgehenden semantischen Mutation der Ersten Politischen Theorie registrieren. Der epische Sieg des Liberalismus im 20. Jahrhundert führte zu zwei wichtigen ideologischen Verschiebungen:

- Die Ankunft von rot-braunen oder »nationalbolschewistischen« Bündnissen, aufbauend auf einem grundlegenden Verständnis des unwiederbringlichen Verlustes sowohl vom historischen Kommunismus als auch vom Faschismus gegenüber dem Liberalismus und dem Willen zur Schaffung einer gemeinsamen anti-liberalen, linken wie rechten Front (dies blieb jedoch eine politisch marginale Tendenz, unvergleichlich klein im Vergleich zur Ernsthaftigkeit der Gefahr, welche von der liberalen Dominanz als ideologischem Projekt ausgeht).

- Die Einsamkeit des Liberalismus, welcher seine beiden ideologischen Hauptfeinde (wie Carl Schmitt durch die Betonung der Wichtigkeit der Freund/Feind-Unterscheidung für die eigentliche Definition der politischen und ideologischen Identität lehrt) verloren hat, die ein wichtiges Element der Selbstbestätigung des Liberalismus darstellten.

    Insoweit der illiberale Nationalbolschewismus keine ernsthafte politische Bedrohung darstellte, blieb das Problem der Einsamkeit wesentlich.

NATIONALBOLSCHEWISMUS ALS VOM SIEG DES LIBERALISMUS HERVORGERUFENES KONZEPT

Philosophisch gesehen fiel der Nationalbolschewismus mit der Parallelverschiebung des Paradigmas, das gemeinsam mit der Postmoderne eintraf, zusammen. Postmoderne Autoren, die hauptsächlich von der extremen Linken kamen, wurden gegenüber des sowjetischen und zum Teil auch gegenüber des Kommunismus chinesischer Provenienz sehr kritisch und übernahmen daher die Strategie eines ideologischen Bündnisses — das immer mehr und mehr »anti-faschistisch« sowie anti-nationalbolschewistisch wurde — mit den Linksliberalen. Die Postmoderne ist also als eine Art gemeinsame Grundlage für Ex-Kommunisten etabliert worden, um immer mehr und mehr liberal zu werden (individualistisch, hedonistisch usw.) und für die Linksliberalen, um die avantgardistische Epistemologie der radikalen Denker zu übernehmen, die extreme Theorien und Praktiken der Befreiung propagieren — von Regeln, Normen, stabilen Identitäten, Hierarchien, Grenzen usw. Genau hier hat der Liberalismus 2.0 seine Wurzeln. Aber um explizit eine Form in der neuen Version der liberalen politischen Ideologie anzunehmen, hat es mehr als dreißig Jahre eines dramatischen, politischen Lebens gebraucht. Das Phänomen Trump war die letzte und entscheidendste Phase, welche die gesamte Struktur des Liberalismus 2.0 so veranlasste hervorzutreten, wie sie es tat.

Die wesentliche Eigenschaft des Liberalismus 2.0 ist seine Anerkennung als innerer Feind, als fünfte Kolonne innerhalb des Liberalismus an sich. Angesichts der Abwesenheit von gut dargestellten ideologischen Feinden — Kommunisten und Faschisten — waren die einsamen Liberalen dazu gezwungen, die Darstellung ihrer weltweit gewordenen Dominanz an sich zu überdenken. Ideologisch gesehen schien die schwache rot-braune Tendenz wichtiger zu sein, als man von ihrer Erscheinung aus als Bewegung mit insignifikantem Einfluss vermuten könnte.

Wenn wir aber den Nationalbolschewismus in einem größeren Zusammenhang betrachten, verändert sich das Gesamtbild drastisch. Das Wiederaufkommen von Putins Russland kann als eine neue Mischung der sowjetartigen Strategie von anti-westlicher Politik und traditionellem russischen Nationalismus evaluiert werden. Andererseits bleibt das Phänomen Putin rätselhaft. Er kann approximativ mit »Nationalbolschewismus« gleichgesetzt werden, was den ideologischen Hauptrahmen der unipolar-liberalen Ära bekräftigte. Dieselbe Approximation könnte verwendet werden, um das chinesische Phänomen zu interpretieren. Andererseits wäre es schwierig oder einfach unmöglich, die Politik Chinas und insbesondere die Linie von Xi Jinping zu erklären. Hier sehen wir abermals den besonderen chinesischen Kommunismus, vermischt mit einem zunehmend wahrnehmbaren chinesischen Nationalismus. Dasselbe kann über das Anwachsen des europäischen Populismus gesagt werden, wo die Entfernung zwischen dem linken Flügel und dem rechten Flügel zunehmend verschwindet bis zu dem Punkt der symbolischen Erschaffung des gelb-grünen Bündnisses in der italienischen Regierung; aufbauend auf dem Übereinkommen zwischen der Lega Nord (rechtspopulistisch) und den Fünf Sternen (links populistisch). Eine analoge Konvergenz war in der populistischen Revolte der Gelbwesten gegen Macron in Frankreich präfiguriert, im Rahmen derer die Anhänger von Marine Le Pen gemeinsam mit den Unterstützern von Jean-Luc Mélenchon gegen das liberale Zentrum kämpften.

Folglich waren in der unipolaren Weltordnung Liberale gewissermaßen dazu verpflichtet, die Bedrohung des Nationalbolschewismus als etwas Ernsthaftes zu akzeptieren — im erweiterten Sinne des Begriffs. Und daher begannen sie den Kampf gegen eine solche Konvergenz, indem sie ihre Strukturen und Anzeichen unterminierten, wo auch immer sie auftauchten. Um aber nicht bei der

Propagierung einer selbst aufgezwungenen, effektiven Alternative zur liberal-globalistischen Herrschaft zu helfen, untergruben die globalen Eliten die Wichtigkeit dieses Phänomens an der Oberfläche, während sie in Wirklichkeit dagegen mit allen Mitteln angekämpft haben. Wenn Putin, Xi Jinping, die europäischen Populisten und die anti-westlichen Bewegungen im Islam (die auch hier weder zu kommunistisch noch nationalistisch sind) aber auch die anti-kapitalistischen Strömungen in Lateinamerika und Afrika sich bewusst wären, dass sie dem Liberalismus von einer gewissermaßen geeinten ideologischen Position entgegentreten und linken/rechten und integralen Populismus als ihre ausdrückliche Grundlage annehmen würden, dann hätte dies ihren Widerstand beträchtlich verstärkt und sein Potenzial vervielfacht. Um also dies nicht geschehen zu lassen, haben die Liberalen nichts unversucht gelassen, nicht zuletzt den Einsatz ihrer fünften und sechsten Kolonne (Liberale die gut in die Regierungsstrukturen eingebunden und gegenüber den souveränen Staatenführern in den jeweiligen Regimen loyal sind), um jede ideologische Bewegung in diese Richtung zu verhindern.

DER INNERE FEIND

Aber es waren genau ihre Erfolge in der Einhegung des potenziellen Erscheinens einer nationalbolschewistischen — illiberalen — Ideologie mit dem Status eines formalen Feindes, welche die Liberalen immer einsamer und einsamer machten. Sie ließen den formalen Feind nicht erscheinen, aber der Preis dafür war der Reifeprozess eines Feindes im Inneren. Das ist der kritische Punkt bei der Geburt des Liberalismus 2.0.

Eine politische Ideologie kann nicht existieren, wenn das Paar Freund/Feind ausgelöscht wird. Sie verliert ihre Identität und kann in Zukunft nicht mehr effektiv sein. Keinen Feind zu haben, bedeutet ideologischen Selbstmord zu begehen. Ein unklarer und undefinierter äußerer Feind war also nicht genug, um den Liberalismus zu rechtfertigen. Durch die ganze Dämonisierung von Putins Russland und

Xi Jinpings China konnten die Liberalen nicht mehr vollkommen überzeugen. Mehr noch als das: Die Annahme der Existenz eines formalen, strukturierten ideologischen Feindes außerhalb der liberalen Einflusszone (Demokratie, Marktwirtschaft, Menschenrechte, universale Technologie, totales Netzwerk usw.), nach dem Anbruch des unipolaren Moments vermutlich auf einer globalen Ebene, wäre der Anerkennung eines schwerwiegenden Fehlers gleichgekommen. Logischerweise musste also ein innerer Feind erscheinen. Das war eine theoretische Notwendigkeit in der Entwicklung der ideologischen Prozesse im Laufe der 1990er Jahre. Dieser innere Feind erschien gerade rechtzeitig, genau in dem Moment als er am dringendsten gebraucht wurde. Und er hatte einen Namen: Donald Trump.

Vom eigentlichen Moment seiner Erscheinung in den amerikanischen Wahlen von 2016 an abgestempelt, begann Donald Trump eine sehr wichtige Rolle zu spielen — nämlich die des Feindes.

Er verkörperte die Grenze zwischen dem Liberalismus 1.0 und dem Liberalismus 2.0. Dabei wurde er zur Hebamme des Liberalismus 2.0 und half ihm dabei, zur Welt zu kommen. Anfänglich bestand der schwache Einfall, eine Verbindung zwischen Trump und dem rotbraunen Putin herzustellen. Dies beschädigte Trumps Präsidentschaft ernsthaft, aber war ideologisch inkonsistent. Nicht nur aufgrund des Nichtvorhandenseins von echten Beziehungen zwischen Trump und Putin sowie Trumps ideologischem Opportunismus, sondern auch weil Putin selbst, welcher wie ein »Nationalbolschewist« wirkte, der sich bewusst gegen den globalen Liberalismus stellt, in Wirklichkeit ein sehr pragmatischer Realist ist. Ähnlich wie Trump ist er ein Umfragen-Populist und genauso wie Trump ist er am ehesten ein Opportunist ohne Interesse an einer Weltanschauung.

Das Alternativszenario, in dem Trump als »Faschist« dargestellt wurde, ist genauso lächerlich. Da es von seinen politischen Rivalen zu oft bemüht wurde, hat es Trump zwar Schwierigkeiten bereitet, war aber total inkonsistent. Weder Trump selbst noch sein Stab bestand aus »Faschisten« oder Vertretern irgendeiner rechtsextremen Richtung, die bereits vor langer Zeit in der amerikanischen Gesellschaft marginalisiert worden war und nur als eine Art äußerster libertärer Rand oder Kitschkultur existiert.

Wenn man sich also mit Trump auf einer ideologischen Ebene beschäftigt (und nicht nur auf jener der Propaganda, wo alle Methoden akzeptiert werden, wenn sie nur funktionieren), waren die Liberalen dazu verpflichtet, seine Position anders zu definieren. Und hier nähern wir uns dem wichtigsten Punkt unserer Untersuchung an. Trump ist und war ein Vertreter des Liberalismus 1.0. Bei diesem fand man heraus, dass es sich um den — dieses Mal wirklichen inneren — Hauptfeind des neuen Liberalismus handelt. Wenn wir alle ausländischen Regime beiseite schieben, die sich der liberalen Ideologie in ihrer politischen Praxis widersetzen, die kein ernsthaftes Problem darstellen, doch stattdessen gewöhnliche, unartikulierte Hindernisse auf dem Weg zum unausweichlichen Triumph des liberalen Fortschritts sind, bleibt nur ein wirklich wahrer Feind des Liberalismus übrig — der Liberalismus selbst. Um weiter voranschreiten zu können, musste der Liberalismus eine innere Säuberung durchführen.

Hier taucht eine innere, deutlich zu sehende und definierte Spaltung auf. Dieser neue Liberalismus, gegründet auf der zunehmenden Annäherung an den linken Postmodernismus, hat aufgehört, sich im alten Liberalismus zu erkennen. Und genau dieser alte Liberalismus wurde mit der symbolischen Figur des Donald Trump identifiziert. Dieser wurde dazu verurteilt, das Andere zu sein. Dies erklärt alles am ideologischen Einsatz in Bidens Wahlkampf — die »Rückkehr zur Normalität«, »besser zurückbauen« und so weiter. Bei der fraglichen »Normalität« geht es um eine neue Normalität — die Normalität des Liberalismus 2.0. Der Liberalismus 1.0 — national, offensichtlich kapitalistisch, pragmatisch, individualistisch und gewissermaßen libertär — wurde folglich zur »Abnormität« erklärt. Die Demokratie als Herrschaft der Mehrheit, vollkommene Meinungs- und Gedankenfreiheit, die offene Möglichkeit, jede Meinung auszudrücken, die man äußern will, jegliche religiöse Entscheidung, das Recht eine Familie zu haben und die Genderbeziehungen auf jeder Grundlage zu organisieren, religiös oder säkular — all das, was vom Liberalismus 1.0 vollumfänglich anerkannt wurde, ist nun inakzeptabel geworden. Daraus folgt: politische Korrektheit, Cancel Culture, die Praxis, jeden zu erniedrigen, der den Linksliberalismus nicht als etwas Notwendiges, Gerechtfertigtes und Normales betrachtet.

Der Liberalismus 2.0 hat sich also immer mehr und mehr in etwas Totalitäres verwandelt. Das war nicht so — zumindest nicht explizit — als man gegen explizitere totalitäre Ideologien gekämpft hat — Kommunismus und Faschismus. Doch als er alleingelassen wurde, brachte der Liberalismus diese unerwartete Eigenschaft hervor. Wenn der Liberalismus 1.0 nicht totalitär war, dann ist der Liberalismus 2.0 totalitär. Von jetzt an hat niemand das Recht, nicht nicht-liberal zu sein. Der alte Liberalismus würde eine solche These sofort zurückweisen, weil sie einen klaren und direkten Widerspruch zu den eigentlichen Grundlagen der liberalen Ideologie darstellt, die auf der freien Wahl aufbauen. Das Recht illiberal zu sein, wurde genauso respektiert, wie das Recht liberal zu sein. Aber jetzt nicht. Nicht mehr. Ein Liberalismus ist also zu Ende gegangen, erst vor kurzem als Trump das Weiße Haus verlassen hat. Von nun an herrscht der andere Liberalismus. Hier ist die Freiheit nicht länger frei. Sie ist eine Pflicht. Und die Bedeutung der Freiheit ist nicht willkürlich. Sie ist offenkundig von der neuen herrschenden liberalen Elite (2.0) definiert. Wer auch immer mit ihr nicht übereinstimmt, ist dazu verdammt gestrichen zu werden.

FRIEDRICH VON HAYEK: DER ANFANG

Wir können die ideologische Entwicklung des Liberalismus 2.0 zurückverfolgen, in der wir der zeitweise nicht zu stark artikulierten Entwicklung der führenden Ideologen des Liberalismus des 20. Jahrhunderts selbst folgen. Hier haben wir drei Hauptstationen — Friedrich von Hayek, Karl Popper und George

Soros. Sie gehören derselben Tradition an — der Erste war der direkte Lehrer des Zweiten und der Zweite jener des Dritten. Es mag also so scheinen, als würden sie alle mehr oder weniger dieselben Ansichten haben. Das ist teilweise der Fall, aber teilweise wiederum auch nicht.

Friedrich von Hayek war offensichtlich ein reiner Liberaler. In seinen Werken kritisierte er sowohl den Kommunismus als auch den Faschismus, indem er ihre Verpflichtung gegenüber »dem Plan« hervorhob. Im Namen dieser Verpflichtung zwangen die kommunistischen und faschistischen Regime ihre gewalttätigen politischen und wirtschaftlichen Praktiken den Gesellschaften auf und pervertierten die natürliche Logik des sozialen und politischen Lebens. Beide machten übermäßigen Gebrauch von der Zukunft und dem Fortschritt als entscheidenden Argumenten für ihr Recht zu herrschen und die politische Struktur zu dominieren, ausgestattet mit der Mission, diese Zukunft um jeden Preis wahr werden zu lassen. Folglich vergewaltigten die Kommunisten und Faschisten die Realität, indem sie diese den selbst proklamierten »Gesetzen des Fortschritts« unterworfen hatten.

Dagegen bekräftigte Friedrich von Hayek den Status quo als Ausgangspunkt. Theoretisch nicht dazu in der Lage, die Zukunft korrekt zu berechnen (da es zu viele relevante Faktoren gibt — immerzu mehr als der menschliche Geist in die Betrachtung miteinbeziehen kann), können wir nur vorsichtig voranschreiten, milde, ohne die existierenden sozialen, politischen und wirtschaftlichen Strukturen zu zerstören, aber auch indem man manchmal versucht, sie einfach zu entwickeln oder zu verbessern. Friedrich von Hayek stellte sich »dem Plan« mit dem Konzept der Tradition entgegen, welche in seinen Augen die einzige Grundlage einer organischen Entwicklung darstellt, insofern als dass er die Tradition mit der Summe der rationalen Entscheidungen, die von den vielen vorhergehenden Generationen getroffen wurden, identifiziert, einer großen Konstruktion aus Fehlern und Korrekturen bestehend, dem kein Plan jemals das Wasser reichen könnte.

Da er sich in totaler Opposition zum Kommunismus und Faschismus befand (und logischerweise auch jeder Mischung zwischen beiden) war Friedrich von Hayek viel näher an Edmund Burke und dem englischen Konservatismus. Es ist daher nicht ungewöhnlich, dass die Ideen Friedrich von Hayeks von einem Teil der französischen Nouvelle Droite (Henry de Lesquen, Yvan Blot und anderen.) in Verbindung mit einem moderaten französischen Nationalismus übernommen worden sind.

Friedrich von Hayek kann man als ideales Beispiel des Liberalismus 1.0 ansehen.

KARL POPPER: DER MITTELPUNKT

Friedrich von Hayeks Schüler Karl Popper — der Autor der Theorie von der »Offenen Gesellschaft« und direkte Mentor von George Soros — blieb Hayeks Ideen gegenüber auf den ersten Blick loyal. Er akzeptierte die freie Entwicklung der Gesellschaft, kritisierte »den Plan« als solchen auf das Schärfste und gab Generalisierungen über die gemeinsame Grundlage von Zweiter und Dritter Politischer Theorie heraus, wodurch er unwillentlich bei der Formulierung von nationalbolschewistischen Prinzipien half. Popper identifizierte als Hauptirrtum der politischen Tradition die platonische Annahme von der Existenz eines idealen Staates als der Quelle der Normen und die aristotelische Theorie des *telos*, der *causa finalis* — dem Zweck als Hauptgrund für die Rechtfertigung der Mittel, um ihn zu erreichen.

Formal Hayeks Zugang folgend, verschob Popper die wichtigen Betonungen beträchtlich. Zum Titel seines Hauptwerks »Die Offene Gesellschaft« fügte er »und ihre Feinde« hinzu, wodurch er den Dualismus seiner Opposition betonte. Da er jede Art von »liberalen Plan« fürchtete, war Hayek sehr vorsichtig bei der Formulierung jeglicher Art von dualistischem Zugang zur Politik und Ideologie. Hayek zufolge ist der Liberalismus, egal ob liberal oder ein »Plan«, organisch offen gegenüber allem was existiert. Das ist eine Art stoischer Ethik.

Mit Popper jedoch können wir das Drehbuch komplett umschreiben. Die »Offene Gesellschaft« ist ein unmissverständlich liberaler Plan. Er ordnet jeden Menschen in eines von zwei Lagern ein:

- die Offene Gesellschaft

  und

- die Feinde der Offenen Gesellschaft.

Noch dazu herrscht ein Krieg zwischen ihnen. Der Ton von Poppers Kritik an Platon und Aristoteles, Hegel und Schelling ist nicht nur komplett intolerant und hysterisch, er steht auch im starken Kontrast zu Hayeks ruhigem Zugang, auch gegenüber seinen Gegenspielern.

Popper tritt für die radikale Zerstörung der Feinde der Offenen Gesellschaft ein und argumentiert, dass wenn dies nicht passiert, diese, da sie selbst keine inneren Grenzen kennen, wiederum die Offene Gesellschaft zerstören würden. Folglich bestand Poppers Logik darin: Lasst sie uns töten, bevor sie uns töten können!

Das hört sich bereits ganz anders an. Hier findet die Verschiebung zum Liberalismus 2.0 statt. Popper hasst alles, das dem Nationalismus oder Sozialismus ähnlich sieht. Er lehnt die Zweite und Dritte Politische Theorie nicht nur ab, sondern kriminalisiert sie und ruft zu ihrer totalen Auslöschung auf.

In seinen Augen gibt es keine Möglichkeit, illiberal zu sein. Jeder Feind der Offenen Gesellschaft ist per definitionem ein ideologischer Verbrecher — es ist unwichtig, ob er (oder sie) sich auf der linken oder rechten Seite des politischen Spektrums befindet.

Aber Karl Popper war immer noch ein offener Kapitalist und wirtschaftlich auf der Rechten zu verorten. Da er gegen alle kommunistischen und sozialistischen Elemente in der Kunst, Gesellschaft usw. war, war er kulturell in vielerlei Hinsicht rechts gerichtet. Popper war also noch kein voll ausgereifter Liberaler 2.0, aber nahe dran.

GEORGE SOROS: DAS ZIEL

Dann kam das letzte Element des Übergangs vom Liberalismus 1.0 zum Liberalismus 2.0. Willkommen im Universum von George Soros! Ironischerweise bedeutet der Name *soros* im Ungarischen »der Nächste«. Was für eine gute Wahl für die symbolische Figur des Liberalismus 2.0.

Soros ist ein Schüler von Karl Popper, der, wie Soros selbst anerkennt, einen entscheidenden Einfluss auf seine Weltanschauung hatte. Soros wurde zum Anhänger Poppers und machte es sich zum Lebensziel, die Offene Gesellschaft überall in der Welt zu propagieren. Hier haben wir es mit einem voll ausgereiften liberalen Plan (ein Widerspruch in den Augen Hayeks) zu tun, der aggressiver, radikaler und offensiver als jener von Popper ist. Popper schränkte seinen Aktivismus darauf ein, seine Ansichten auszudrücken. Soros wurde einer der reichsten Männer der Welt durch Finanzspekulationen und wendete seine Prinzipien der Offenen Gesellschaft auf die Weltpolitik an. Soros wählte den Namen »Open Society« für seine Stiftung, welche als Deckmantel für ein weltweites Netzwerk des offensiven Liberalismus dient, das versucht, die Politik in einem weltweiten Maßstab zu beeinflussen, zu kontrollieren, zu führen und zu unterminieren. Durch Soros wird der Liberalismus wirklich extremistisch. Er zögert nicht, Farbrevolutionen zu finanzieren, Aufstände, Putsche und was auch immer er als tauglich empfindet, um die Feinde der Offenen Gesellschaft zu bekämpfen. Wie lauten die Kriterien, nach denen ein solcher bestimmt wird? Wer ist der Richter? Die Kriterien dazu werden in Soros' Bibel, Poppers Buch *Die Offene Gesellschaft und ihre Feinde*, bestimmt. Der Richter ist Soros selbst, der Hauptvermittler des liberalen Plans und seiner praktischen Umsetzung.

Gleichzeitig können wir einige Veränderungen in der ideologischen Haltung von George Soros und seinem globalen Reich feststellen. Soros hat damit begonnen, sich immer mehr und mehr extremen Linksliberalen, ausgesprochenen Postmodernisten und voll ausgereiften linksextremen Aktivisten anzunähern. Vielleicht ist das so, weil er sie als mehr im politischen Aktivismus engagiert betrachtet — was notwendig ist, um das globale Ziel des liberalen Vorhabens zu erreichen. Oder seine Ansichten bezüglich des kapitalistischen Systems haben sich im Allgemeinen gewandelt. Aber in seinen jüngsten Schriften bezeugen die politischen Taten von Soros und der von ihm unterstützten Organisationen eine wachsende Tendenz auf der Linken — inklusive der extremen Linken, die den Kapitalismus an sich offen kritisiert. Soros propagiert aktiv Posthumanismus, Genderpolitik, Cancel Culture, Feminismus und alle Arten anti-religiöser Bewegungen. Er befürwortet all dies im Namen des Fortschritts.

Mit Soros sind wir folglich am anderen Ende des Liberalismus angekommen.

Wenn Popper Hayek geähnelt hat und Soros Popper ähnlich war, dann erscheinen Soros und Hayek als zwei Extreme. Eines davon (Hayek) spricht sich für die Tradition aus und richtet sich radikal gegen jede Art von Plan und den Fortschritt (da niemand mit Sicherheit wissen kann, ob etwas Fortschritt ist oder nicht.). Das andere ist das genaue Gegenteil und spricht sich für den Fortschritt und das liberale Projekt aus, das man linksextremen Liberalismus nennen kann.

Alle drei von ihnen richten sich gegen die Zweite und die Dritte Politische Theorie, aber es scheint so, dass sich nach dem Sieg über sie die Schlange umgedreht hat, um sich in den eigenen Schwanz zu beißen. Soros greift fast alles an, was Hayek lieb und teuer war.

All das war im Fall von Trump klar. Soros betrachtete Trump als seinen Erzfeind, was wiederum bedeutet, dass auch Hayek diesen Platz in seinem Denken einnimmt. Denn auch Trump ist keineswegs illiberal. Es gibt nichts nationalbolschewistisches an ihm und seinen Positionen. Er ist ein Liberaler reinsten Wassers — vom Schlage Hayeks, nicht vom Schlage Soros'.

Hier verläuft die Wasserscheide zwischen Hayek (Liberalismus 1.0) und Soros (Liberalismus 2.0).

INDIVIDUUM UND DIVIDUUM

Ich möchte Ihre Aufmerksamkeit auf einen weiteren wichtigen Punkt lenken: Auf das Problem des Individuums, wie es von beiden Ideologien »gelöst« wurde, im Liberalismus 1.0 und dem Liberalismus 2.0.

Der klassische Liberalismus stellte das Individuum in das Zentrum der Gesellschaft. Die Figur des Individuums spielt in der sozialen Physik des Liberalismus dieselbe Rolle wie das Atom in der wissenschaftlichen Physik. Die Gesellschaft besteht aus Atomen/Individuen, welche die einzig reale und empirische Grundlage der anschließenden sozialen, politischen und ökonomischen Konstruktionen sind. Alles kann auf das Individuum reduziert werden. Das ist das Gesetz.

Da das so ist, ist es einfach, die Ethik des Liberalismus zu erfassen und das heißt die Grundlage seines Verständnisses von Normen und des Fortschritts. Wenn das Individuum das Hauptsubjekt der politischen Theorie ist, muss es von allen Bindungen mit kollektiven Entitäten, die seine Freiheit begrenzen und es seiner natürlichen Rechte berauben, befreit werden. Historisch betrachtet wurden alle möglichen Institutionen und Regeln von Individuen (Thomas Hobbes) erschaffen. Indem er unangemessene Macht über sie erwarb, dient der Staat (der »Leviathan«) als eindeutiges Beispiel für all dies. Aber alle sozialen Strukturen — Gemeinschaften, Sekten, Kirchen, Stände, Berufe und in jüngster Zeit Klassen, Nationalitäten und das soziale Geschlecht — haben dieselbe Funktion — Sie bemächtigen sich der Freiheit des Individuums, sie drängen ihm (oder ihr im Falle eines weiblichen Individuums) die falschen Mythen einiger »kollektiver Identitäten« auf. Der Kampf gegen alle Arten der kollektiven Identität ist also die moralische Pflicht der Liberalen und der Fortschritt wird darin gemessen, ob dieser Kampf erfolgreich ist oder nicht.

So ist die Logik der Hauptströmung des Liberalismus. Am Ende des 20. Jahrhunderts war die Hauptagenda der Befreiung des Individuums bereits erreicht worden. Die traditionelle vormoderne europäische Ordnung war bereits Anfang des 20. Jahrhunderts besiegt und total zerstört worden. Der Sieg über den Faschismus 1945 und der Sieg über den Kommunismus 1991 bildeten zwei symbolische Marksteine der Befreiung des Individuums von der nationalen und der klassenbezogenen (»ständischen«) Identität (dieses Mal als künstliche Identitäten, die von den illiberalen Ideologien der Moderne erfunden wurden). Die Europäische Union wurde als Denkmal an diesen historischen Sieg errichtet. Der Liberalismus wurde zu ihrer impliziten, manchmal expliziten, Ideologie.

Hier endete die siegreiche Geschichte des Liberalismus 1.0. Das Individuum ist befreit. Das Ende der Geschichte ist so nahe wie noch nie.

Es gibt keine formalen Feinde außerhalb des Liberalismus. Die Ideologie der Menschenrechte, die Anerkennung beinahe gleicher Rechte für jedes menschliche Wesen jenseits nationaler Gerichtsbarkeiten (genau darin liegt die eigentliche ideologische Grundlage der Masseneinwanderung) ist bestätigt.

An diesem Punkt begannen die Liberalen zu begreifen, dass trotz all ihrer Siege noch immer etwas Kollektives — eine Art vergessene kollektive Identität — da war, die ebenfalls zerstört werden musste. Willkommen in der Genderpolitik! Ein Mann und eine Frau zu sein, bedeutet eine definitive kollektive Identität zu teilen, die starke soziale und kulturelle Praktiken vorschreibt. Das ist eine neue Herausforderung für den Liberalismus. Das Individuum muss vom biologischen Geschlecht befreit werden, da Letzteres noch immer als etwas Objektives angesehen wird. Das Gender muss rein optional und die Konsequenz einer rein individuellen Entscheidung sein.

Die Gender-Politik beginnt hier und verändert die eigentliche Natur des Konzepts vom Individuum unterschwellig. Die Postmodernisten waren die Ersten, welche aufzeigten, dass das liberale Individuum eine maskuline, rationalistische Konstruktion ist. Um es zu »vermenschlichen« müssen neue emanzipatorische Praktiken nicht nur die Gleichheit der Geschlechter überwinden, sondern alles in allem das gute alte Individuum durch eine neue, seltsame und pervertierte (wie es scheint) Konstruktion austauschen. Das einfache Gleichmachen von sozialen Möglichkeiten und Funktionen für Männer und Frauen, inklusive des Rechts, das Geschlecht nach Belieben zu ändern, löst das Problem nicht. Das »traditionelle« Patriarchat überdauert immer noch, indem es die Rationalität, Normen und so weiter definiert.

Die Postmodernisten — Deleuze, Guattari und so weiter — sind also zu dem Schluss gekommen, dass die Befreiung des Individuums nicht genug ist. Der nächste Schritt besteht in der Befreiung des Menschen oder besser gesagt der »lebenden Entität« vom Individuum.

Nun naht der Moment der endgültigen Ersetzung des Individuums durch die gender-optionale rhizomatische Entität, eine Art Netzwerk-Identität. Und der letzte Schritt wird schließlich in der Ersetzung der Menschheit durch unheimliche Wesen bestehen — Maschinen, Chimären, Roboter, künstliche Intelligenz und anderen Spezies der Gentechnologie.

In den 1970er und 1980er Jahren handelte es sich dabei um die avantgardistische Forschung von extravaganten französischen Philosophen. In den 1990er Jahren wurde sie zu einem wichtigen Trend im sozialen und kulturellen Bereich der westlichen Länder. In Bidens Wahlkampf war sie bereits eine voll ausgebildete Ideologie in der Offensive, die nicht länger das Individuum glorifizierte (wie im Liberalismus 1.0), sondern eine neue, ankommende post-menschliche Entität — das technik-zentrierte, gender-optionale, post-individuelle Dividuum. Linke Autoren wie Antonio Negri und Michael Hardt (die vom selben George Soros finanziert und beworben werden) haben den intellektuellen Boden für diese Konzepte bereitet. Aber jetzt werden sie vom Großkapital selbst akzeptiert, obwohl sie ursprünglich gegen dieses gerichtet waren.

Die Linie zwischen dem Individuum und dem Dividuum oder zwischen dem immer noch Menschlichen und dem bereits Postmenschlichen ist das wesentliche Problem des Paradigmenwechsels vom Liberalismus 1.0 hin zum Liberalismus 2.0.

Trump war ein menschlicher Individualist, der den Individualismus im alten Stil des menschlichen Zusammenhangs verteidigte. Vielleicht war er der Letzte seiner Art. Biden ist ein Vertreter der Ankunft der Post-Menschheit und des Dividualismus.

LIBERALISMUS 2.0 UND DIE VIERTE POLITISCHE THEORIE

Ich widme die letzte meiner Anmerkungen dem wirklich wichtigen Thema der Vierten Politischen Theorie und ihrer Entwicklung im gegenwärtigen ideologischen Zusammenhang. Die Vierte Politische Theorie ist normativ gegen alle Formen der Moderne gerichtet, gegen die Moderne an sich. Wenn wir jedoch die Realitäten des Sieges der Ersten Politischen Theorie über ihre Rivalen mit einplanen und damit ihre Sicherstellung des Status als einziger Erbin des Eigentlichen der Moderne (der Aufklärung), dann ist die Vierte Politische Theorie offen und radikal anti-liberal. Wenn wir den Nationalbolschewismus als erste Phase der ideologisch-politisch-philosophischen Reflexion über die Tatsache des Endsiegs des Liberalismus über den Kommunismus im Jahr 1991 in seiner ganzen metaphysischen Tiefe mit einplanen, dann ist die Vierte Politische Theorie offensichtlich die zweite Phase desselben Vektors. Der Hauptunterschied liegt in der Zurückweisung des Bolschewismus, des Nationalismus und jeder Art von Mischung dieser beiden, als einer annähernd positiven Alternative zum weltweit siegreichen Liberalismus. Das ist die Folge der radikal anti-modernen Grundlage der Vierten Politischen Theorie, welche mehr als deutlich in der Formulierung ihrer grundlegenden Prinzipien sein muss, nicht zuletzt was das Eingehen von verschiedenen Kompromissen mit verschiedenen existierenden politischen Strukturen angeht, seien sie rechts oder links. Weder ein rechter, noch ein linker illiberaler Populismus kann heute den Sieg über den Liberalismus erringen. Um dazu in der Lage zu sein, müssten wir die illiberale Linke und die illiberale Rechte integrieren. Aber die herrschenden Liberalen sind sehr wachsam, was das angeht und versuchen immer jegliche Bewegung in diese Richtung im Voraus zu verhindern. Die Kurzsichtigkeit der extrem-linken und extrem-rechten Politiker und Gruppen trägt nur dazu bei, dass die Liberalen ihre Agenda umsetzen können.

Folglich kann ich nach dreißig Jahren des politischen Kampfes vorschlagen, dass wir die nationalbolschewistische Phase auslassen und direkt zur Vierten Politischen Theorie selbst übergehen, dabei jede Art des Sozialismus und Nationalismus zurückweisen und stattdessen eine eindeutig anti-moderne Sicht der politischen Organisation übernehmen. Es ist schon so schwierig genug, schwache und dekadente linke und rechte Gruppen zu vereinigen, sodass es wesentlich einfacher wäre, von Anfang an zu beginnen und die Vierte Politische Theorie als eine vollkommen unabhängige und offen anti-moderne Ideologie zu formulieren. Aber gleichzeitig dürfen wir nicht den offensichtlichen und wachsenden Abgrund zwischen dem Liberalismus 1.0 und dem Liberalismus 2.0 ignorieren. Es scheint, als ob nun die innere Säuberung der Moderne und Postmoderne zu einer brutalen Bestrafung und vollumfänglichen Exkommunikation einer neuen Spezies von politischen Wesen führen würde — dieses Mal werden die Liberalen selbst zum Opfer, jene von ihnen, welche sich nicht als Teil der Strategie des Great Resets und der Achse Biden-Soros begreifen, jene die es ablehnen, das endgültige Verschwinden der guten alten Menschheit, der guten alten Individuen, der guten alten Freiheit und der Marktwirtschaft zu genießen. Für nichts davon wird es einen Platz im Liberalismus 2.0 geben. Er wird posthuman werden und jeder, der das in Frage stellt, wird im Verein der Feinde der Offenen Gesellschaft willkommen geheißen werden. Wir sind hier schon seit Jahrzehnten und fühlen uns hier mehr oder weniger wohl. Also heißen wir euch in der Hölle willkommen, Neueinsteiger! Jeder Trumpunterstützer und gewöhnliche Republikaner wird nun als potenziell gefährliche Person betrachtet, genauso wie es uns seit langer Zeit ergeht.

Hier gelangen wir zu einem wichtigen Punkt. Wenn wir auf der Überwindung des nationalbolschewistischen Standpunktes bestehen, geht es uns nicht darum, annehmbarer für die Liberalen zu werden. Nein, wir stellen einfach unsere Position klar, um in stärkerer Übereinstimmung mit unseren zutiefst anti-modernen Prinzipien zu stehen. Im gegenwärtigen Übergang vom Liberalismus 1.0 zum Liberalismus 2.0 könnte dies jedoch zufällig einige praktische Konnotation haben.

Die Liberalen 1.0 müssen die Tatsache begreifen, dass die Vierte Politische Theorie diese Realität, welche heute die Manifestation dessen darstellt, was sie hassen und durch das sie leiden, als Hauptfeind ansieht. Der Trumpismus und generell der humanistische, individualistische Liberalismus stehen unter Beschuss. In den Augen der Jünger von Soros und Biden sind sie fast mit den Nationalbolschewisten identisch. Sie machen keinen Unterschied. Ein Feind der Offenen Gesellschaft zu sein, stellt den Schlusssatz dar. Daran können Sie nichts ändern. Es ist also an der Zeit, zur Kenntnis zu nehmen, dass Liberale 1.0 nicht länger respektable Bürger des kapitalistischen Status quo darstellen. Die Liberalen 1.0 werden nun ins Exil geschickt, ins politische Ghetto — zu uns. Weil die Vierte Politische Theorie dazu aufruft, den gesamten Verlauf der politischen Moderne zu überdenken, ist es notwendig, gegenüber dem Kommunismus und Nationalismus in diesem Ghetto freundlich zu sein. Dabei geht es nicht um den Nationalbolschewismus. Bei der Vierten Politischen Theorie geht es um den Endkampf der Menschheit gegen den Liberalismus 2.0 — genau das, was Sie davon denken. Es war von Anfang an eine Art Kompromiss, den »Nationalismus« in die Revolte gegen die moderne Welt mit einzuschließen. Evola erklärte die Gründe und Grenzen davon gut. Es war kein geringer — und vielleicht viel größerer — Kompromiss, die anti-liberale Linke, also Sozialisten und Kommunisten, einzuschließen, wenn sie nicht ernsthaft gegenhegemonial orientiert wären. Wir können nun einen Schritt weiter gehen: Lasst die Liberalen 1.0 in unsere Reihen eintreten! Um dies zu tun, ist es nicht notwendig, illiberal, philokommunistisch oder ultranationalistisch zu werden. Nichts dergleichen! Jeder kann seine guten alten Vorurteile behalten, so lange wie er möchte. Die Vierte Politische

Theorie stellt eine einzigartige Position dar, wo die wahre Freiheit willkommen ist: Die Freiheit für soziale Gerechtigkeit zu kämpfen, ein Patriot zu sein, den Staat, die Kirche, das Volk, die Familie zu verteidigen und ein Mensch zu bleiben sowie etwas anderes zu werden. Die Freiheit ist nicht mehr auf ihrer Seite. Der Liberalismus 2.0 ist der Feind jeder Art von Freiheit. Also lasst uns diesen Wert nicht verlieren! Er ist deswegen der größte Wert, weil er die Essenz der menschlichen Seele und des menschlichen Herzens darstellt. Die Freiheit öffnet uns den Weg zu Gott, zur Sakralität und zur Liebe.

Wenn die Freiheit politisch werden muss, lasst sie uns zu unserer wichtigsten Parole machen!

Sanitärer Totalitarismus: Eine biopolitische Diktatur

13. August 2021

ES IST FASZINIEREND ZU SEHEN, wie sich die westlichen Demokratien angesichts einer Pandemie rasch in geschlossene, totalitäre Gesellschaften verwandeln, die auf allgegenwärtiger Überwachung, dem Abbau von Bürgerrechten und Freiheiten und einem immer härteren System der Unterdrückung basieren.

Italien hat Grüne Pässe eingeführt, die das Gesundheitsprofil einer Person — den Namen der Impfung, ihre Regelmäßigkeit, Messungen grundlegender Körperprozesse (Temperatur, Puls, Blutdruck usw.) — direkt mit dem Zugang zu bestimmten sozialen Möglichkeiten und zum politischen Leben verknüpfen — oder besser gesagt mit Zugang zu bestimmten sozialen Möglichkeiten und politischen Rechten. In Italien hat dies nicht nur bei Populisten, extremen Negationisten und Impfgegnern, sondern auch bei einigen systemischen linken Philosophen — wie Giorgio Agamben und Massimo Cacciari — Befremden ausgelöst.

Agamben beschäftigt sich seit langem mit dem Problem des »nackten Lebens«, in dem der Druck des politischen Systems in die Biologie des Menschen eindringt — in seinen Körper — und versucht, ihn auf biochemischer Ebene zu kontrollieren. In der ultimativen Diktatur wird der Mensch zu einem biologischen Objekt, das durch eine Reihe von sanitären Indikatoren definiert wird. Der wahre

Totalitarismus zielt darauf ab, nicht den Geist, sondern den Körper zu kontrollieren. Das ist »nacktes Leben«, wenn eine Person mit einer Reihe von biologischen Indikatoren gleichgesetzt wird. Dies, so Agamben, ist das Ende des Menschen und der Triumph der abscheulichsten politischen Systeme, die man sich vorstellen kann. In seinen Schriften betont Agamben, dass das avantgardistischste und perfekteste Beispiel für das »nackte Leben« die Situation der Gefangenen in den Konzentrationslagern der Nazis war. Die Gefangenen wurden überhaupt nicht als Menschen betrachtet. Was Agamben interessierte, war das Selbstbewusstsein der Träger dieses »nackten Lebens«, das sich unter diesen extremen Bedingungen verwandelte und zu einem »Bio-Bewusstsein« wurde, dem es nur noch ums Überleben ging — egal wie, egal um welchen Preis und egal als wer.

Und nun, nachdem er sein Leben der Kritik an der unmenschlichen, verbrecherischen Biopolitik der Nazis gewidmet hat, die ihre Strukturen sowohl auf der Seite der Henker als auch auf der Seite der Opfer beschrieb, ist Agamben heute mit genau demselben konfrontiert, aber nicht in einem Konzentrationslager, sondern in einer liberalen, demokratischen Gesellschaft. Mit Entsetzen erkannte er in den Maßnahmen der italienischen Regierung von Draghi, die leider von den wahnsinnigen Links- und Rechtspopulisten — Di Maio von den Fünf Sternen und Salvini von der Liga — unterstützt wird, alle Merkmale einer extrem radikalen und unmenschlichen biopolitischen Diktatur.

Praktisch das Gleiche wie in Italien geschieht in einem anderen europäischen Land, das als Musterbeispiel für Demokratie gelten will: Frankreich. Dort hat die Regierung Macron eine Impfpflicht für eine lange Liste von Berufen beschlossen und ein System von Gesundheitskarten eingeführt. Diese Pässe müssen, wie die Grünen Pässe in Italien, digitalisierte Daten zu allen biohygienischen Indikatoren einer Person enthalten. Abgesehen von den für Covid-19 wichtigsten Informationen über die verschiedenen Stämme und Sorten enthalten die Pässe auch andere Hygieneinformationen.

Der Körper wird somit einem totalen System der Überwachung, Kontrolle, Aufforderung, Registrierung und den damit verbundenen Einschränkungen unterworfen, denen man zum Beispiel beim Betreten der U-Bahn ausgesetzt ist, wenn man morgens vergessen hat, seine Medikamente einzunehmen. Die Waggontüren öffnen sich nicht für Sie. Science-Fiction, sagen die Skeptiker. Heute ist es so, morgen wird es alltäglich sein. Vor nicht allzu langer Zeit versicherte Macron den Franzosen, dass es niemals einen Gesundheitspass geben werde. Heute hat er ihn vorgeschlagen, und seine Partei hat ihn als Ganzes gebilligt.

Wie Agamben in seinen Schriften über das »nackte Leben« beschreibt, sind sanitäre Kontrollen nur einen Katzensprung von der politischen Repression entfernt. Die Epidemie in Frankreich war der Vorwand für das Verbot der politischen Opposition gegen Macron, einer breiten nationalen »Gelbwesten«-Bewegung, die vor der Pandemie begann, stetig wuchs und nun unter dem Vorwand des Coronavirus verboten wird.

So entdeckt eine europäische Demokratie nach der anderen, dass Gesundheitsdiktatur und »pandemischer Nationalsozialismus« sehr geeignete Formen des Regierens sind. Wo Demokratie Debatte, Diskussion, Einigung und Kompromiss bedeutet, können Krankenwagensirenen und Polizisten mit Gasmasken die Entscheidungsfindung und Umsetzung wesentlich erleichtern. Der Sanitärfaschismus erweist sich als profitabel, billig und effektiv.

Der Preis für die Bequemlichkeit der Eliten ist die flächendeckende Errichtung eines KZ-Panoptikums, das nicht einmal in das Privatleben, sondern in den biologischen Organismus des Menschen eindringt. Sensoren durchdringen Körper, die transparent werden — nackt für die Gesamtheit der elektronisch-medizinischen Kontrolle.

Wenn sich diese Tendenzen fortsetzen, was höchstwahrscheinlich der Fall sein wird, da ein Ende der Pandemie nicht in Sicht ist, werden wir vor einer einzigen Wahl stehen: Welches Konzentrationslager sollen wir wählen — das nationale Lager, in dem unsere Körper in das totale Überwachungssystem eines souveränen Staates integriert werden, oder das globalistische Netzwerk, das über die Köpfe der nationalen Verwaltungen hinweg operiert? Können wir etwas anderes wählen als ein »nacktes Leben« in einem nationalen oder globalen Gefängnis? Meiner Meinung nach nicht. Es gibt für uns nichts anderes zu tun. Was meinen Sie dazu?

Merkel: Ein Blick zum Abschied

26. August 2021

DER RUSSISCHE Präsident Wladimir Putin trifft sich mit der deutschen Bundeskanzlerin Angela Merkel. Dies ist wahrscheinlich der letzte deutsch-russische Gipfel unter Beteiligung von Merkel, die im Herbst ihr Amt aufgibt.

Putin hat immer eine gewisse Sympathie für Deutschland gehabt. Das liegt an seiner persönlichen Erfahrung, seiner Kenntnis des Landes und seiner Sprache. Und die geopolitische Ausrichtung auf den Aufbau eines Größeren Europas — von Wladiwostok bis Dublin —, bei dem Deutschland objektiv die Hauptrolle spielen soll. Deutschland ist der Kern der europäischen souveränen Wirtschaft. Wie Frankreich in der Welt nach dem Zweiten Weltkrieg — vor allem unter de Gaulle — ist es traditionell der Kern der souveränen Politik. Das deutsch-französische Bündnis wurde zur Grundlage des vereinten Europas. Ursprünglich war es ganz anders geplant, als es sich herausstellte. Europa sollte ein eigenständiger Pol einer multipolaren Welt werden — unabhängig von uns und den Vereinigten Staaten, und gleichzeitig freundschaftliche Beziehungen zu beiden unterhalten. Europa hat sich in den letzten dreißig Jahren nicht von uns abhängig gemacht, sondern übermäßig von den USA.

Das macht Europa von einem souveränen Pol zu einer abhängigen Militärkolonie, zu einer Basis für amerikanische Truppen. Und jeder freie Wille in Europa ist gelähmt durch gehorsame amerikanische

Vasallen — vor allem aus den Ländern Osteuropas. Sie sind uns nur losgeworden, um vor Washington zu kriechen. Sie können keine Verantwortung für Europa tragen und werden es auch nicht tun. Sie mischen sich nur in alles ein.

So ist Europa — ein wirklich souveränes deutsch-französisches Europa — gelähmt, auf unbestimmte Zeit verschoben. An seine Stelle ist eine Art Missverständnis getreten. Und Merkels Deutschland ist der wirtschaftliche Kern dieses Missverständnisses. Keine sehr ehrenvolle Rolle…

Anfang der 2000er Jahre, während der US-Invasion im Irak, versuchte das souveräne Europa, vertreten durch den deutschen Bundeskanzler Gerhard Schröder und den französischen Staatspräsidenten Jacques Chirac, ein letztes Mal, sich zu behaupten. Damals wurde eine fantastisch vielversprechende Achse Paris-Berlin-Moskau skizziert. Dies wäre ein Durchbruch in Richtung Multipolarität. Dann wählte Deutschland beinahe den alternativen Weg zum Liberalismus des Keynesianers Oscar Lafontaine, Lehrer der leidenschaftlichen Sahra Wagenknecht. Und Chirac kündigte offen eine Rückkehr zur Politik von de Gaulle an. Putin seinerseits sorgte für die eurasische Dimension dieser Konstruktion.

Washington zitterte, als das liberale globalistische Konstrukt und die alleinige Hegemonie der USA in Frage gestellt wurden. Alle Anstrengungen wurden unternommen, um die multipolare Bedrohung und den drohenden europäischen Kontinentalismus im Einklang mit dem russischen Eurasianismus zu neutralisieren. Damals ersetzte Merkel Schröder, der natürlich zu Gazprom wechselte, und Sarkozy ersetzte Chirac. Anstelle von Lafontaine kam Merkel wieder als Liberale, und Sarkozy parodierte nur den Gaullismus. Die Achse Paris-Berlin-Moskau wurde unterminiert. Die europäische Souveränität wurde aufgeschoben.

Aber, wie sich herausstellte, war Merkel trotz ihres Atlantizismus nicht die schlechteste Kanzlerin. Ja, in kritischen Situationen stellte sie sich immer auf die Seite der Vereinigten Staaten. Aber wenn sie konnte, versuchte sie, die Beziehungen zu Russland zu entschärfen. Letztendlich wäre Nord Stream 2 ohne ihre persönliche Unterstützung nicht zustande gekommen. Natürlich liegt dies im vitalen Interesse Deutschlands. Nun, für Washington ist das überhaupt kein Argument. Die Vereinigten Staaten erkennen keine Verbündeten und Partner an: Diejenigen, die sich um sie kümmern, sind ihre Marionetten und müssen tun, was ihnen befohlen wird.

Angela Merkel hat die Spielregeln perfekt verstanden und akzeptiert. Aber dennoch, dennoch… Sie hatte etwas wahrhaft Deutsches und sogar Ostdeutsches, Preußisches an sich. Die Deutschen sind nicht die Art von Menschen, die sich wie Sklaven beherrschen lassen. Deshalb sah Frau Merkel den russischen Präsidenten mit einem besonderen Auge an. Darin konnte man, wenn man wollte, etwas Kontinentales, etwas Multipolares und sogar etwas Eurasisches erkennen. Aber Angela Merkel hat es sorgfältig verborgen.

Bei einem Treffen mit Putin wirft die scheidende deutsche Bundeskanzlerin Putin diesen letzten Blick zu. Ja, das ist nicht Schröder. Aber das ist nicht das Schlimmste. Es besteht die Möglichkeit, dass Deutschland nach Merkel von jemandem geführt wird, der deutlich schlechter ist. Aber die deutsche Seele hat viele Schichten. Wer weiß, was noch kommt…

Merkels Abschiedsbesuch wird von der Inbetriebnahme von Nord Stream 2 begleitet. Merkel hat Europa nicht zu einem souveränen Europa gemacht. Aber den Strom verteidigt. Und der ist einer der wesentlichen Bestandteile der Energieautarkie Europas.

Und das ist gut so. Auf Wiedersehen, Angela.

Amerika ist auf dem Rückzug.
Wir müssen angreifen!

27. September 2021

DIE WAHLEN IN RUSSLAND sind vorbei. Und das ist gut so. Es ist nun möglich, zu den Außenbeziehungen zurückzukehren. Es ist die Außenpolitik, die wirklich zählt. Und in dieser Außenpolitik ist ein äußerst wichtiger und bedeutender Wandel im Gange.

Die unipolare Welt bricht vor unseren Augen zusammen. Sie befindet sich schon seit geraumer Zeit (seit dem 11. September 2001) auf einer Abwärtsspirale, aber in diesem Schlüsseljahr 2021, inmitten des nicht enden wollenden Covid, fanden einige symbolische Ereignisse statt, die das Ende der Unipolarität unumkehrbar machten.

Trump hat bereits einer multipolaren Ordnung zugestimmt und lediglich auf einem Sonderstatus für die USA bestanden. Das war ein absolut vernünftiges und verantwortungsvolles Vorhaben. Aber Trump wurde im Wesentlichen gestürzt. Und das von fanatischen Anhängern desselben Globalismus, den Trump zu Hause bekämpft.

Mit der Unterstützung der Globalisten gelang Biden der Durchbruch zur Macht und er kündigte den Great Reset an. Er sprach von einer Rückkehr zu den »goldenen« (für Globalisten und Liberale) 1990er Jahren. Die Globalisierung hatte einige Probleme, sagten sie, aber jetzt werden wir sie schnell lösen, alle Anwärter auf Multipolarität in ihre Schranken weisen und weiterhin über die

Menschheit herrschen und sie immer tiefer in unsere wahnsinni-
ge — fast offen satanische — Agenda hineinziehen.

Biden schaltete sich ein und Kiew verlegte Truppen in den Donbass
und demonstrierte damit seine Entschlossenheit, »die Russen zu be-
lagern«. Doch sobald Moskau auf seinem Territorium unschuldige
Manöver durchführte, machte Washington einen Rückzieher. Wir
sprechen nicht über Kiew, das ist kein Thema. Der Great Reset wurde
verschoben.

Und dann kam die beschämende Flucht der USA aus Afghanistan,
als die Amerikaner nach zwanzig Jahren brutaler Besatzung nicht
einmal Zeit hatten, ihre Sachen (einschließlich der militärischen
Ausrüstung) ordentlich einzupacken und die Kollaborateure ord-
nungsgemäß zu entfernen. Gegen Ende feuert Biden eine Rakete auf
ein Auto mit Kindern ab und prahlt damit. Selbst Psaki wurde blass
von dem Unsinn, den sie von sich geben musste. Afghanistan ist eine
absolute Schande für Amerika.

Und in der Folge, um zu zeigen, dass er immer noch »wow« ist,
verkündet der erbärmliche, senile Joe die angelsächsische Achse
AUKUS, durch seine Verträge mit Australien, und indem er mit
einem Federstrich die französischen und italienischen (das wird übri-
gens oft vergessen) militärischen Lieferungen (auf die Paris und Rom
sehr gezählt haben) zunichte macht, zerstört er im Grunde die NATO.
Die Reaktion darauf ist der beispiellose Rückruf des französischen
Botschafters aus Washington. Die EU kann das nur so verstehen, dass
die Behörden in den Vereinigten Staaten einfach den Verstand verloren haben.

Erstens handelt Biden vor dem Hintergrund, dass die Hälfte der
US-Bevölkerung ihn bekanntermaßen hasst (für eine gestohlene
Wahl und eine intolerante liberale Diktatur) und alles, was er tut,
mit Feindseligkeit aufgenommen wird. Und sobald er einen Fehler
macht — und in Afghanistan und Australien, ganz zu schweigen von
der völlig verfahrenen Situation mit den Migranten an den Südgrenzen
der USA, macht er nicht nur *einen* Fehler, sondern wiederholt und

nachweislich Fehler —, greifen seine Gegner dies sofort auf, lassen es hochgehen und bereiten bereits ein Amtsenthebungsverfahren vor.

Aber das ist nur die Hälfte des Problems. Die Globalisten selbst, die Biden unterstützen, teilen sich in Rechte und Linke, in neokonservative Falken und Ultrademokraten mit einer LGBT-Ideologie-Agenda und »kulturellem Marxismus«. Die Neocons sind wütend über den Abzug aus Afghanistan und über Bidens Versprechen, die Truppen aus dem Nahen Osten — insbesondere aus Syrien und dem Irak — abzuziehen. In Verbindung mit seiner eklatanten Feigheit in der Ukraine hat Biden bereits sein Bestes getan, um die Hälfte der Elite, die ihn unterstützt, zu entfremden — die Falken.

Es scheint, dass die globalistische Linke sich freuen sollte. Ja, sie waren im Allgemeinen nachsichtig mit dem Truppenabzug aus Afghanistan, aber niemand in den Vereinigten Staaten wagt es, die Art und Weise zu rechtfertigen, wie er durchgeführt wurde.

Doch dann erinnerte sich Biden an die Neokonservativen und schuf eine neue angelsächsische strategische Allianz, AUKUS (Australien, Vereinigtes Königreich, Vereinigte Staaten), die Europa gnadenlos ins Abseits stellte. Er tut dies im Zusammenhang mit dem drohenden Krieg mit China im Pazifik. Das hat die linken Globalisten wütend gemacht. Die EU hat nichts gegen China, und die linken Globalisten in den USA selbst versuchen sogar, Chinas wirtschaftlichen Aufstieg für ihre Strategien zu nutzen. Doch Biden ignoriert dies und schafft AUKUS. Ein solcher Schlag gegen die NATO — vor dem Hintergrund der gestärkten Souveränität Russlands und Chinas, der zunehmenden Unabhängigkeit der Türkei, Irans, Pakistans sowie einiger arabischer und afrikanischer Länder (eine Reihe von Putschen in Afrika ist ebenfalls ein sehr interessantes Phänomen, das eine geopolitische Bewertung erfordert) — führt nur zu einer starken Schwächung der globalen liberalen Elite, die vor ihren Augen entlang der Linie gespalten ist — Angelsachsen/Europäer und andere vergessene »Verbündete«.

Biden ist es bereits gelungen, sowohl die globalistische Rechte als auch die Linke auf diese Weise zu frustrieren, und das inmitten einer unerbittlichen Auseinandersetzung mit den Trumpisten, die sich in einer Position des halsstarrigen Widerstands wiedergefunden haben. Wenn Biden den Falken spielt und einen Schritt auf die Neocons zugeht, versetzt er dem CFR (The Council on Foreign Relations, linke Globalisten) einen Schlag. Wenn er hingegen versucht, eine Taube zu sein, werden die rechten Globalisten wütend. Wenn Joe Biden in dieser Situation nicht ein kompletter Verlierer ist, wer ist er dann?

Diese Situation ist einzigartig. Noch nie in den letzten Jahrzehnten war die US-Politik so widersprüchlich, inkonsequent und schlichtweg erfolglos. Das ist die Quintessenz. Amerika ist schwächer als je zuvor. Und das müssen wir ausnutzen. Trump hat die Globalisierung von der Tagesordnung genommen und sich bewusst und verantwortungsbewusst auf amerikanische Themen konzentriert. Und er verhandelte in jeder Frage hart mit Vertretern der wachsenden Multipolarität. Paradoxerweise hat sich Biden als noch nützlicher für das multipolare Gemeinwesen erwiesen — er ist gerade dabei, Amerika zu zerstören, und je mehr der Globalismus quält, desto deutlicher sieht die Menschheit die Schwäche von jemandem, der noch vor kurzem behauptet hat, der unangefochtene Führer zu sein. Um realistisch (d. h. ein wenig zynisch) zu sein: Lieber einen schwachen und hilflosen Feind wie Biden als einen rationalen und selbstbewussten Partner wie Trump. Sicher, Biden ist das pure Böse und ein epischer Misserfolg für die USA. Aber für alle anderen… Sieh an, sieh an, sieh an. Es gibt etwas, das wir an dem alten Joe…. zu mögen beginnen.

Genau das sollte sich Russland jetzt aktiv zunutze machen. Der rasche Niedergang der globalen Hegemonie der USA eröffnet enorme Möglichkeiten auf der ganzen Welt — für Gebiete, Länder, Nationen, ganze Zivilisationen. Aus Trägheit fürchten manche das angelsächsische Bündnis und meinen, dass Großbritannien zurückkommt, dass es sich nun mit den Vereinigten Staaten und den Commonwealth-Ländern zusammentun und seinen

kolonialen Einfluss wiederherstellen wird. Wer wird ihn wiederherstellen? Großbritannien ist schon seit einiger Zeit kein Thema mehr.
Über Australien gibt es nicht viel zu sagen. Im Übrigen ist Chinas
finanzielle und sogar demografische Präsenz im Pazifikraum bereits
ein großer Faktor. Ihre Hegemonie schrumpft und ist überall auf dem
Rückzug. Hier bietet sich die Gelegenheit für ein großes kontinentales
Projekt von Lissabon bis Wladiwostok (im Geiste von Thiriart-Putin),
für ein russisch-chinesisches eurasisches Bündnis, für eine neue
Runde in den Beziehungen zwischen Russland und der islamischen
Welt und für einen Schritt nach Afrika und Lateinamerika.

Dies erfordert Strategie, Entschlossenheit, Willen und
Konzentration der Kräfte. Und das Wichtigste: Es braucht eine
Ideologie. Große Geopolitik erfordert große Ideen. Im Moment — solange in den USA ein Idiot an der Macht ist — hat Russland die historische Chance, nicht nur die Multipolarität unumkehrbar zu machen,
sondern auch seinen Einflussbereich fast weltweit dramatisch auszuweiten. Die Hegemonie schwindet. Ja, er ist ein verwundeter Drache,
und er kann immer noch hart und schmerzhaft zuschlagen. Aber es
ist eine Qual. Wir müssen uns also vor den Phantomschmerzen des
Imperialismus hüten, aber wir müssen auch einen kühlen Kopf bewahren. Wir müssen uns auf eine Gegenoffensive vorbereiten. Solange
die Dinge so sind, wie sie sind, ist dies unsere historische Chance. Es
wäre ein Verbrechen, sie zu verpassen. Unser Imperium ist 1991 ge-
fallen. Heute sind sie an der Reihe. Und es ist unsere Pflicht, als völlig
souveräne und unabhängige geopolitische Einheit in die Geschichte
zurückzukehren.

WEITERE BÜCHER VON ARKTOS

Sri Dharma Pravartaka Acharya	*The Dharma Manifesto*
Joakim Andersen	*Rising from the Ruins: The Right of the 21st Century*
Winston C. Banks	*Excessive Immigration*
Alain de Benoist	*Beyond Human Rights*
	Carl Schmitt Today
	The Indo-Europeans
	Manifesto for a European Renaissance
	On the Brink of the Abyss
	The Problem of Democracy
	Runes and the Origins of Writing
	View from the Right (vol. 1–3)
Arthur Moeller van den Bruck	*Germany's Third Empire*
Matt Battaglioli	*The Consequences of Equality*
Kerry Bolton	*The Perversion of Normality*
	Revolution from Above
	Yockey: A Fascist Odyssey
Isac Boman	*Money Power*
Ricardo Duchesne	*Faustian Man in a Multicultural Age*
Alexander Dugin	*Ethnos and Society*
	Ethnosociology
	Eurasian Mission
	The Fourth Political Theory
	The Great Awakening vs the Great Reset
	Last War of the World-Island
	Political Platonism
	Putin vs Putin
	The Rise of the Fourth Political Theory
	The Theory of a Multipolar World
Edward Dutton	*Race Differences in Ethnocentrism*
Mark Dyal	*Hated and Proud*
Clare Ellis	*The Blackening of Europe*
Koenraad Elst	*Return of the Swastika*
Julius Evola	*The Bow and the Club*
	Fascism Viewed from the Right
	A Handbook for Right-Wing Youth
	Metaphysics of Power
	Metaphysics of War
	The Myth of the Blood
	Notes on the Third Reich
	Pagan Imperialism

	Recognitions
	A Traditionalist Confronts Fascism
GUILLAUME FAYE	Archeofuturism
	Archeofuturism 2.0
	The Colonisation of Europe
	Convergence of Catastrophes
	Ethnic Apocalypse
	A Global Coup
	Prelude to War
	Sex and Deviance
	Understanding Islam
	Why We Fight
DANIEL S. FORREST	Suprahumanism
ANDREW FRASER	Dissident Dispatches
	The WASP Question
GÉNÉRATION IDENTITAIRE	We are Generation Identity
PETER GOODCHILD	The Taxi Driver from Baghdad
	The Western Path
PAUL GOTTFRIED	War and Democracy
PETR HAMPL	Breached Enclosure
PORUS HOMI HAVEWALA	The Saga of the Aryan Race
LARS HOLGER HOLM	Hiding in Broad Daylight
	Homo Maximus
	Incidents of Travel in Latin America
	The Owls of Afrasiab
RICHARD HOUCK	Liberalism Unmasked
A. J. ILLINGWORTH	Political Justice
ALEXANDER JACOB	De Naturae Natura
JASON REZA JORJANI	Closer Encounters
	Faustian Futurist
	Iranian Leviathan
	Lovers of Sophia
	Novel Folklore
	Prometheism
	Prometheus and Atlas
	World State of Emergency
HENRIK JONASSON	Sigmund
VINCENT JOYCE	The Long Goodbye
RUUBEN KAALEP & AUGUST MEISTER	Rebirth of Europe

WEITERE BÜCHER VON ARKTOS

STEVEN J. ROSEN	*The Agni and the Ecstasy*
	The Jedi in the Lotus
RICHARD RUDGLEY	*Barbarians*
	Essential Substances
	Wildest Dreams
ERNST VON SALOMON	*It Cannot Be Stormed*
	The Outlaws
PIERO SAN GIORGIO	*CBRN: Surviving Chemical, Biological,*
	Radiological & Nuclear Events
	Giuseppe
SRI SRI RAVI SHANKAR	*Celebrating Silence*
	Know Your Child
	Management Mantras
	Patanjali Yoga Sutras
	Secrets of Relationships
GEORGE T. SHAW (ED.)	*A Fair Hearing*
FENEK SOLÈRE	*Kraal*
OSWALD SPENGLER	*The Decline of the West*
	Man and Technics
RICHARD STOREY	*The Uniqueness of Western Law*
TOMISLAV SUNIC	*Against Democracy and Equality*
	Homo Americanus
	Postmortem Report
	Titans are in Town
ASKR SVARTE	*Gods in the Abyss*
HANS-JÜRGEN SYBERBERG	*On the Fortunes and Misfortunes*
	of Art in Post-War Germany
ABIR TAHA	*Defining Terrorism*
	The Epic of Arya (2nd ed.)
	Nietzsche's Coming God, or the
	Redemption of the Divine
	Verses of Light
JEAN THIRIART	*Europe: An Empire of 400 Million*
BAL GANGADHAR TILAK	*The Arctic Home in the Vedas*
DOMINIQUE VENNER	*For a Positive Critique*
	The Shock of History
MARKUS WILLINGER	*A Europe of Nations*
	Generation Identity
ALEXANDER WOLFHEZE	*Alba Rosa*
	Rupes Nigra